第一届中亚研究学术论坛论文集

国别区域视角下的丝绸之路经济带研究

陆 钢 ◎ 主编

时事出版社
北京

图书在版编目（CIP）数据

国别区域视角下的丝绸之路经济带研究/陆钢主编.
—北京：时事出版社，2020.12
ISBN 978-7-5195-0369-7

Ⅰ.①国… Ⅱ.①陆… Ⅲ.①丝绸之路—经济带—文集 Ⅳ.①F125-53

中国版本图书馆 CIP 数据核字（2020）第 261901 号

出 版 发 行：时事出版社
地　　　　址：北京市海淀区万寿寺甲 2 号
邮　　　　编：100081
发 行 热 线：(010) 88547590　88547591
读者服务部：(010) 88547595
传　　　　真：(010) 88547592
电 子 邮 箱：shishichubanshe@sina.com
网　　　　址：www.shishishe.com
印　　　　刷：北京朝阳印刷厂有限责任公司

开本：787×1092　1/16　印张：13.25　字数：155 千字
2020 年 12 月第 1 版　2020 年 12 月第 1 次印刷
定价：78.00 元
（如有印装质量问题，请与本社发行部联系调换）

相伴永远在丝路

——写在《国别区域视角下的丝绸之路经济带研究》出版之际

2013年秋，中国国家主席习近平访问哈萨克斯坦，向包括哈萨克斯坦在内的中亚各国发出了"共建丝绸之路经济带"的重大倡议。此后，中国社会各界对中亚事务的关注迅速升温，专家学者关于中亚问题的学术探索和政策研讨随之进入高潮。我本人多次受邀参加此类研讨，多次发表有关共建丝绸之路经济带的文稿，并且就中国—中亚关系问题，多次与华东师范大学陆钢教授和他所领导的研究团队进行多种形式的交流、探讨与合作。

近闻陆钢教授及其团队的集体研究成果《国别区域视角下的丝绸之路经济带研究》正式出版，我想写几句话，表示祝贺与支持。

有关中亚地区的基本概念与几点常识

"中亚"这个概念最早是德国地理学家亚历山大·冯·洪堡提出来的，范围大致包括现在的蒙古国、中国的内蒙和新疆，还包括巴基斯坦、印度、阿富汗、伊朗等国的部分地区，当然也包括今天我们常说的"中亚五国"，即哈萨克斯坦、乌兹别克斯坦、吉尔吉斯斯坦、塔吉克斯坦和土库曼斯坦。

20世纪80年代末90年代初冷战结束,"中亚"成为一个独特的地缘政治概念,它指的是苏联解体后获得独立的上述五个"斯坦"国家。这五个国家北接俄罗斯,东邻中国,南接阿富汗、伊朗,西隔里海并与高加索地区的阿塞拜疆相望。其中,哈萨克斯坦、吉尔吉斯斯坦和塔吉克斯坦3国与中国拥有3000多公里的共同边界,最长一段是中哈边界,绵亘1700多公里。

中亚地区历史上就是连接东西方、沟通南北方的重要通道,深受来自中国的东方文明、来自俄罗斯的斯拉夫文明、来自伊朗的波斯文明以及源自土耳其的突厥文明的广泛影响。由于塔吉克斯坦、乌兹别克斯坦、土库曼斯坦与阿富汗拥有漫长的共同边界和诸多跨界民族,历史联系千头万绪。阿富汗局势发展对中亚的影响相当大。当年苏联出兵阿富汗,就是以乌兹别克斯坦为大本营的,而侵阿苏军指挥部就设在乌兹别克斯坦首都塔什干。

中亚五国总面积为400多万平方公里。其中哈萨克斯坦270多万平方公里,土库曼斯坦49万平方公里,乌兹别克斯坦44万平方公里,吉尔吉斯斯坦19万平方公里。面积最小的是塔吉克斯坦,只有14万平方公里。1991年中亚5国刚独立时,该地区总共有100多个民族,人口总数为5100万。目前,中亚人口已增至7000多万,到21世纪中叶,估计将超过1亿。

由于历史原因,中亚各国均为多民族国家。俄罗斯、乌克兰、白俄罗斯、维吾尔、普什图、塔塔尔、帕米尔、波斯等许多民族,多少世纪以来就与中亚土著居民在这里共同生活。清朝末年,中国西北地区大批居民因战乱而移居中亚,成为一个新的民族即东干族,定居在这里。20世纪30年代,苏联为应对即将发生的战争,将大批朝鲜人、德意志人、鞑靼人、车臣人、印古什人强迁到这里。进入60年代,苏联为解决粮食问题,动员各族青年到中亚开垦处女地,阿塞拜疆人、亚美尼亚人、格鲁吉亚人、立陶宛人、爱沙尼亚人、拉脱维亚人等，纷纷来到中亚。

中亚地区五大主体民族均信奉伊斯兰教，绝大多数属于逊尼派中的哈尼非派。也有少数人属于沙斐派，他们的社会生活和文化发展带有鲜明的伊斯兰文化烙印。苏联瓦解后，伊斯兰教对社会生活的影响进一步增大。

中华民族与中亚各国人民的联系与交往，可谓源远流长。2017年5月，习近平主席在"一带一路"国际合作峰会上曾经说过，2000多年前，我们的先辈筚路蓝缕，穿越草原沙漠，开辟出联通亚欧非的陆上丝绸之路。这条古今中外尽人皆知的丝绸之路，绵亘万里，延续千年，见证了古代中国与中亚"使者相望于道，商旅不绝于途"的辉煌景象，谱写了人类历史不同文明交流互鉴、共同发展的绚丽篇章。

中亚各国独立后的政局与走势截然不同

中亚五国独立之初，政权仍旧掌握在苏联时期产生的领导人手中，但很快建立起西方式的或者有别于苏联的议会民主。除土库曼斯坦外，其他4国均实行了不同形式的多党制，其中最冒进的是塔吉克斯坦和吉尔吉斯斯坦。

塔吉克斯坦独立前后过快地实行政治多元化、意识形态多样化和多党制，很快引发大规模内战，导致数十万人牺牲和难以估量的财产损失。据拉赫蒙总统回忆："塔吉克民族的敌人通过金钱与空头支票的诱惑，利用狭隘的宗教宣传，在涉世不深、容易冲动的青年人当中燃起了仇恨之火，使他们铤而走险，陷入自相残杀。"内战结束后，原塔吉克斯坦共产党领导人纳比耶夫被排除在国家政治生活之外，最后抑郁而终。集体农庄主席出身的拉赫蒙，超脱于内战各方，作为各方共同接受的人物，当选为最高苏维埃主席，成为国家元首。后来，塔吉克斯坦实行总统制，拉赫蒙当选总统，后来多次连选连任，执政至今。前不久，拉赫蒙以很高的支持率当选总统，有望成为世界上执政时间最长的领导人。

吉尔吉斯斯坦独立前夕即已政党林立、派系丛生。正因为如此，该国一方面被西方称为民主楷模，另一方面又被认定为世界上20个贪腐程度最高的国家之一。正是因为该国政局混乱，经济凋弊，民不聊生，多次发生政治动乱，导致两位总统亡命他乡，其中就包括阿卡耶夫和巴基耶夫。据统计，2014年吉尔吉斯斯坦正式登记的政党竟有140余个。2017年10月，社会民主党候选人、前总统阿坦巴耶夫的政治挚友、身为总理的热恩别科夫以微弱多数当选新一届总统。此人当选后强势反腐，涉嫌腐败但图谋反抗的前任总统阿坦巴耶夫被送进监狱。前不久，该国举行议会选举，反对派不满选举结果，举行大规模抗议活动，结果演变为大规模社会骚乱，政府大楼被攻陷，议长、总理、总统全部辞职，混乱中选出的新议长上任当天即宣布辞职。正在监狱服刑的帕扎罗夫被解救出狱，成为代总理和代总统。同时被解救出狱的前总统阿坦巴耶夫，则重新被捕入狱。

在哈萨克斯坦，开国总统纳扎尔巴耶夫最初没有担任政党职务，而是通过多次修宪，长期担任国家元首，并且获得了开国元首终身不可侵犯的宪法保障。后来，哈萨克斯坦在两院制议会外成立了人民大会，作为支持总统长期执政的新型民意代表机构，同时在允许反对党合法存在的条件下，建立了全面支持总统的新政党"祖国之光"党。2005年，纳扎尔巴耶夫以该党主席身份参加了总统大选，该党实际上成为哈萨克斯坦执政党。2018年，纳扎尔巴耶夫宣布辞职，但以开国总统身份行使宪法赋予的特别权力。时任上院议长托卡耶夫成为代总统，随后成为民选总统，哈国实现了国家元首和平换位。

乌兹别克斯坦和土库曼斯坦的开国总统卡里莫夫、尼亚佐夫都是苏联共产党当地党组织最高领导人。独立后，他们作为国家总统，同时担任政府首脑。最初，他们分别担任苏共党组织改组而成的新政党领导人,即乌兹别克斯坦人民民主党主席和土库曼斯坦民主党主席。后来,卡里莫夫总统辞去人民民主党主席职务。人民民主党一党独大、支持总统的其他小党同时存在,可控多党制政党体制稳定运行。在此条件下,作为无党派总统的卡里莫夫,主要依靠后来建立的自由民主党行使政权。2017年8月,卡里莫夫逝世,总理米尔济约耶夫先是代理总统,而后通过大选当选总统。乌兹别克斯坦进入米尔济约耶夫时代。

在土库曼斯坦,由原共产党改组而成的民主党,作为唯一政党和总统执政支柱存在多年。后来,土库曼斯坦建立了第二个政党——农业党,但作用和影响极为有限。尼亚佐夫病亡后,他的保健医生、时任副总理兼卫生部长的别尔德穆哈梅多夫接任总统职务。别尔德穆哈梅多夫继承了尼亚佐夫的执政模式,权力巨大,强势与威望有过之而无不及。

中亚各国发展潜能不同对华经贸关系亦不同

中亚各国自然禀赋和资源状况不尽相同,经济发展的主客观条件差异甚大。哈国目前人口1850万,幅员辽阔,资源丰富。1991—2019年间实际GDP的年均增速为2.78%,但2000—2019年平均增速为6.47%。2019年人均名义GDP为9683美元,是中亚地区经济状况最好的国家。乌兹别克斯坦自称"四金之国",盛产黄金、白金(棉花)、乌金(石油)和蓝金(天然气),其黄金储量位居世界第四,皮棉出口世界第二,棉籽产量世界第五,天然气年开采量世界第八。但乌国石油产量自2000年起开始下降,多年间产量维持在550万—600万吨,无法满足需求。2017年9月,乌兹别克斯坦新宣布取消实施多年的外汇管制,2018年初又降低了税赋,减少纳税群体,对外招商引资的力度也在加大。世界银行《2018营商环境报告》显示,乌国在全球189个经济体中排第74位,是营商环境改善最显著的十个国家之一,经济发展前景较好。

土库曼斯坦天然气储量世界第五位，是能源立国的典型，经济发展主要依靠天然气开采和出口。2017年，该国经济增速超过6.4%，据称国家财政收入增加，货币汇率稳定，居民工资、退休金、补助金、奖学金等实现了及时足额发放。但也有消息称，土库曼斯坦经济形势其实没有那么乐观，国家财政状况尤其严峻。外界对其真实经济情况知之不多。

吉尔吉斯斯坦和塔吉克斯坦均为山地国家，水资源最丰富，但资金匮乏、技术落后，至今没有充分开发。这两个国家经济体量很小，长期处于世界上最不发达国家之列，经济和民生很大程度上依赖于国际救助。

由于经济发展整体水平不高，中亚国家对外经济联系与务实合作质量偏低。俄罗斯、中国、德国、日本、韩国、土耳其、伊朗等国是中亚国家的贸易伙伴，但主要贸易伙伴是中俄两国。2013年，中哈两国贸易额达286亿美元，中国成为哈国第一大贸易伙伴。中国对哈投资2012年为260亿美元，是哈第三大外资来源国。2015年，中国退为哈国第二大贸易伙伴，中哈贸易额降为105.67亿美元，俄罗斯成为哈国第一大贸易伙伴，哈俄贸易额为145.76亿美元。2016年，中哈贸易额下降到78.8亿美元。双方确定的2015年400亿美元贸易额的目标未能实现。

中国与乌兹别克斯坦的贸易额也呈大起大落之势。2013年，中乌贸易额为45.32亿美元，同比增长57.6%，形势喜人。但此后持续下降，到2016年，只有36亿美元略多一点。双方也没有实现2017年贸易额50亿美元的目标。

土库曼斯坦多年来一直向中国出售天然气，两国贸易额到2015年时增长到95亿美元，土方顺差达60多亿。中国连续多年成为土库曼斯坦第一大贸易伙伴。

吉尔吉斯斯坦经济状况不佳，中吉两国经贸关系起伏不定。

2012 年，中吉贸易额曾达 51.6 亿美元，中国连续多年成为吉第二大贸易伙伴。但到 2015 年末，中吉贸易额萎缩到 43 亿美元，2016 年不到 15.5 亿美元。但中国仍为吉第一大贸易伙伴国和第一大进口来源国。中国与塔吉克斯坦的贸易额更少，到 2016 年时也只有 17.56 亿美元。但中国是塔第二大贸易伙伴、第一大投资来源国。

总而言之，中国与中亚国家的贸易总额目前仍维持在 200 亿—300 亿美元之间。这一规模远小于中国与东盟国家，也远低于中国与中亚国家的共同预期。

中国与中亚共建丝绸之路经济带的现状与前景

2013 年 9 月，习近平主席提出的中国与中亚各国共建丝绸之路经济带的倡议，充分体现了中国与周边国家共同发展、合作发展、互利发展、联动发展的真诚意愿和决心，既符合当今时代的发展潮流，也符合中亚各方的共同需要。

共建丝绸之路经济带倡议受到中亚国家的普遍欢迎，首先在于中国与中亚五国早已建立起平等相待、求真务实、互利共赢的友好合作关系。哈萨克斯坦的纳扎尔巴耶夫是世界上来华次数最多的外国领导人，有时是正式访问，有时是私人休假。2008 年北京举办奥运会前夕，他在境外为中国传递奥运圣火，一时传为佳话。习近平主席与纳扎尔巴耶夫总统的私人关系也非常融洽，双方各种会晤共有 20 多次。

作为与中国山水相连的全面战略伙伴关系国，中哈两国经济合作方式逐步优化并有许多创新。在已经开通 7 个陆路口岸，实现铁路、公路、航线、油气管道、通信网络立体对接的基础上，中哈霍尔果斯国际边境合作中心 2012 年正式投入运营，这是我国西部最大的陆路口岸和新型跨境经贸合作区之一。中哈连云港物流合作基地一期工程随后也投产运营，哈萨克斯坦获得经过中国直到太平洋的出海口，同时也开创出欧亚大陆海陆联运合作的新模式。穿越中国、哈萨克斯坦和俄罗斯的"中国西部—西欧"交通走廊建设成就显著。双方在传统能源、新能源、高科技、农业等领域的合作也取得新突破。目前，哈国有近千家中资企业和中哈合资企业，包括中石油、中石化以及中国银行、中国工商银行等。这些企业和机构为当地创造了数万个就业岗位。2014年，两国达成产能合作共识，签署总额达140亿美元的30多个合作协议。此后，双方又签署了在基础设施、石化产品加工、钢铁、有色金属、汽车等诸多领域进行产能合作的30多份文件，项目总金额超过200亿美元。

乌兹别克斯坦领导人也非常重视对华关系。该国首任总统卡里莫夫出访独联体以外的第一个国家就是中国。后来，他又多次访华，并在21世纪初做出乌国参加中俄哈吉塔"上海五国"机制的重大决策，为"上海五国"升格为"上合组织"做出重要贡献。2014年8月，中乌两国就共建平等互利、安危与共、合作共赢的战略伙伴关系达成共识。两年后，双方签署中乌国际道路运输协定。这是我国与非接壤国签署的第一个双边国际道路运输协定，对拓展我国与非接壤国在国际道路运输领域的合作具有示范作用，对推动中国—中亚—西亚经济走廊建设具有重要意义。2017年5月，新总统米尔济约耶夫来华访问并参加"一带一路"国际合作高峰论坛。中国也是他出访的独联体以外的第一个国家。米尔济约耶夫总统向习近平主席表示，中国是乌兹别克斯坦的伟大邻邦，乌方致力于巩固和发展乌中全面战略伙伴关系，密切两国高层交往，加强在联合国、上海合作组织等多边框架下的协调配合，并以"一带一路"建设为契机，深化经贸、投资、产能、基础设施、水利等领域合作和人文交流。在这次访问中，两国领导人共同见证签署了经济技术、交通运输、地方交往等各领域的合作文件105份，协议总额近230亿美元。

吉尔吉斯斯坦和塔吉克斯坦因本国基础设施建设更加滞后，更加热心于"一带一路"合作。2014年5月,时任吉国总统曾对中方明确表示,吉方愿意参与"丝绸之路经济带"建设,以促进两国的经贸往来、互联互通和人文交流。此后,中吉两国就"吉—中天然气管线"、吉国"北—南"公路建设、比什凯克热电站及炼油厂建设等项目展开了密切合作。塔吉克斯坦同其他中亚国家一样,一开始就加入了中国主导成立的亚洲基础设施投资银行。而后,双方签署了关于加强基础设施领域合作的协议,决定以"平等互利、优势互补、相互促进、共同发展、政府引导、商业运作"为原则,开展铁路、公路、电力等领域的基础设施建设合作。

土库曼斯坦因奉行永久"中立政策"没有参加上海合作组织,但与中国务实合作并不落后。2009年开通的起始于土库曼斯坦、经由乌哈两国抵达中国的中国—中亚天然气管道,树立了中国与土、乌、哈三国多边合作互联互通的成功范例。由于这条管道,中土双方成为重要的能源合作伙伴。两国贸易额从建交初期的450万美元上升到目前的100多亿美元。中方"一带一路"倡议与土方"复兴古丝绸之路"倡议相互结合,双方在铁路基础设施、信息技术设备、市政建设、农业技术等非资源领域的合作,也取得显著成效。

期待中亚研究与时俱进并取得更多成果

中国与中亚国家共建丝绸之路经济带,也不是没有困难和问题,也会存在风险和挑战。毕竟各国发展战略不同,对国家主权和经济安全的理解不同,对现实利益与长远利益的考量不同,项目合作方式和机制体制标准也不可能完全统一。再加上多种外部势力在中亚的利益角逐此生彼长,影响中亚地区稳定发展的"三股势力",即分裂主义、极端主义和恐怖主义长期存在,中国与中亚各国共建丝绸之路经济带,不可能一帆风顺,不可能没有挫折。

毋庸置疑,中国与中亚各国共建丝绸之路经济带,并不是中国与中亚国家关系发展的全部内容。中国—中亚关系是一个包罗万象的复杂体系，涉及历史与现实、政治与经济、文化与安全等诸多领域。这种经纬万端的关系，与其他相关国家以及各种外部力量在中亚的作用与影响，相互交织和碰撞，趋势与走向有时变幻莫测。

令人欣慰的是，时事出版社呈现给读者的这部中亚研究新作，对我们所关心的上述所有问题，都有不同程度的反映和涉猎。特别是对事关中亚地区稳定发展至关重要的费尔干纳问题，书中作者进行了非常详尽的考察、梳理和分析，提出不少令人耳目一新的观点和看法。对于美国、俄罗斯以及印度等世界性大国、区域型大国的中亚政策，以及中国与这些国家在中亚问题上的不同立场与政策主张，中亚国家自身面临的问题、挑战和压力，书中也有令人信服的阐述和评估。对于从事中亚问题研究的理论工作者，对于在中亚地区开展务实合作的实际工作者，这本书的独特价值就在于此。

当然，作为第一届中亚学术论坛的论文集与华东师范大学年轻团队的初步成果，本书在许多方面不可避免地存在着不尽如人意之处，许多问题的研究还有待进一步拓展和深化。我们期待并相信，今后会有更多的专家学者参与到中亚问题研究中来，期待并相信华东师范大学中亚研究中心百尺竿头更进一步，也期待并且相信时事出版社会不断推出有关中亚研究、中国—中亚关系研究以及"一带一路"国际合作研究的最新成果。

是为序！

于洪君
原中共中央联络部副部长
原中国驻乌兹别克斯坦大使
华东师范大学中亚研究中心顾问
2020 年 12 月 27 日

目录
Contents

中国与美国的中亚政策比较 …………………………………… (1)
　一、美国的中亚政策 …………………………………… (2)
　二、中国的中亚政策 …………………………………… (5)
　三、中美两国中亚政策比较 …………………………… (9)

费尔干纳盆地问题研究 ………………………………………… (16)
　一、费尔干纳盆地问题 ………………………………… (16)
　二、费尔干纳盆地问题探源 …………………………… (21)
　三、费尔干纳盆地问题的影响 ………………………… (23)
　四、费尔干纳盆地问题的应对 ………………………… (25)

印度中亚战略设计的逻辑基础和利益考量 …………………… (29)
　一、印度中亚战略的内容 ……………………………… (30)
　二、印度中业战略的特点 ……………………………… (34)
　三、印度中亚战略的逻辑基础 ………………………… (37)
　四、印度中亚战略的利益考量 ………………………… (40)

2012年以来俄罗斯强化地缘战略布局的实践
——以中亚地区为例 （47）
一、俄罗斯强化中亚地缘格局主导权的背景 （48）
二、俄罗斯强化与中亚国家经贸合作关系的实践 （51）
三、俄罗斯强化与中亚国家政治与安全同盟关系的实践 （55）
四、俄罗斯强化中亚影响力的地缘辐射效应 （61）
五、强化中俄关系是俄罗斯维持中亚影响力的最佳选项 （65）

论"中国—中亚"丝路新媒体的构建 （69）
一、构建"中国—中亚"丝路新媒体的内涵 （71）
二、丝路新媒体的当下概况及问题 （79）
三、丝路新媒体未来发展的实践对策 （93）

中吉合作的影响因素分析：潜力与阻碍 （101）
一、中国与吉尔吉斯斯坦的关系：历史与现实 （102）
二、中吉关系的新变化 （110）
三、中吉合作的潜力：优势凸显 （116）
四、中吉合作的阻碍："中国威胁论" （118）
五、中吉关系的未来 （131）

深化中国与乌兹别克斯坦旅游合作的潜力与挑战 （138）
一、深化中乌旅游合作的潜力 （140）
二、深化中乌旅游合作面临的挑战 （149）
三、深化中乌旅游合作的策略 （158）

中哈经贸合作的政策沟通研究 ……………………………………（163）
　　一、中哈经贸合作现状 ……………………………………（164）
　　二、中哈经贸合作的政策沟通机制 ………………………（169）
　　三、中哈经贸合作的政策沟通建议 ………………………（187）

后　记 ………………………………………………………（195）

中国与美国的中亚政策比较

陆 钢[*]

【摘 要】 随着中亚地缘政治地位的上升，中美两国对中亚地区的重视程度也在不断提高。本文结合"颜色革命"以来中亚地缘政治现实的变化，分析中美中亚政策的演变过程以及利益的交汇点和不同处，并从中美各自战略定位的角度，比较中美中亚战略和政策的某些特点及其对国际关系的影响，进而指出中美中亚政策的发展趋势与合作前景。

【关键词】 中亚政策；地缘政治；国际体系；中美关系

20世纪90年代，中亚地区重新作为独立的地缘政治板块出现在国际舞台上，美俄在该地区的战略博弈迅速展开。进入21世纪，美俄在中亚地区的博弈更加激烈，博弈领域从能源控制、政权更替扩展到社会制度改造，几乎是全方位的。相比之下，中美在中亚地区的战略关系尚未引起特别关注。然而，2005年7月上海合作组织阿斯塔纳峰会后，中美两国在中亚地区的竞争性特点开始凸显。本文拟对中美的中亚政策进行比较研究，以期有助于探索两国在中亚的

---

[*] 陆钢，华东师范大学中亚研究中心主任、博士，研究方向为"一带一路"、外交决策、大国关系。

共存模式和合作途径，进而避免两国间的竞争，并为中亚的繁荣和稳定发挥重要作用。

一、美国的中亚政策

早在20世纪90年代，中亚地区就进入了美国的战略视野。当时中亚对美国决策者的吸引力主要源于三个方面：丰富的能源储藏、核武器的销毁以及促使中亚脱离俄罗斯的控制。为了实现这三个方面的目标，美国开始积极介入中亚事务，谋求与中亚领导人建立良好的关系，扩大其在这一地区的战略影响。1992—1995年，美国前国务卿亨利·阿尔弗雷德·基辛格（Henry Alfred Kissinger）、美国著名地缘政治理论家兹比格涅夫·卡济米尔兹·布热津斯基（Zbigniew Brzezinski）等人先后访问了中亚地区，为扩大美国在中亚地区的影响力开路。在经济和军事方面，美国与中亚各国频频互动，处处表现出进占之心。1992—1997年，美国对中亚国家的经济援助总额为15亿美元，[①] 其中在中亚能源方面的投入更是堪称大手笔。美国谢夫隆（Chevron）石油公司为开发哈萨克斯坦田吉兹地区的石油，与哈签署了为期40年、总投资200亿美元的协议。[②] 此外，华盛顿方面也迅速推进与中亚的军事合作，不仅在中亚修建军事基地，

[①] 邓浩："美俄中亚争夺的新态势"，《国际问题研究》2001年第2期，第56页。另据美国中亚问题专家弗雷德里克·斯塔尔统计，中亚5个苏联成员国平均每个国家仅从美国得到5300万美元的援助，参见 S. Frederick Starr, "A Partnership For Central Asia", Foreign Affairs, July/August 2005。

[②] 王桂芳："美俄中亚战略及其对中亚安全的影响"，《国际论坛》2002年第5期，第9页。

而且提供大量军事援助,并与中亚国家联合举行各种类型的军事演习。①

为了配合官方对中亚事务的高调介入,美国的非政府组织也异常活跃和积极,发挥了某种不可替代的作用。实际上,有些在中亚活动的美国非政府组织就是由政府资助的,或者是某个政府机构创办和操作的。甚至在吉尔吉斯斯坦,一些知名的非政府组织也是由美执政党直接支持的。

进入21世纪,随着战略重点转向阿富汗和中东地区的反恐战争,美国的欧亚大陆战略也做了相应调整,其要点就是不再充当中亚地区的旁观者,而是设法借助反恐的道义基础争取中亚国家的同情,从而名正言顺地插手中亚地区事务。就美国的中亚政策而言,如果说20世纪90年代属于谋篇布局阶段,那么21世纪则属于中盘攻坚阶段,重点就是在中亚谋取优势。美国的战略目标明确而具体:军事上,控制欧亚大陆地缘战略重心,如在吉尔吉斯斯坦修建空军基地;经济上,加强对中亚—里海能源开采和运输的投资,谋求对这一地区能源的控制权,如耗资36亿美元的巴库—第比利斯—杰伊汉石油管道(Baku-Tbilisi-Ceyhan Pipeline,英文简称BTC)于2005年5月正式开通,它是由美国一手策划建设的;在政治上,推动中亚各国政治体制尽早结束后苏联时期模式。"9·11"事件后不久,由于俄罗斯在伊拉克问题上的不合作态度开罪了美国,加之普京在第二任期加强国内控制、扩大国外影响力的政策令美国不满,美国加强了

---

① 2000年美国国务卿贝克访问中亚,直接带去1亿多美元的军援。参见邓浩:"美俄中亚争夺的新态势",《国际问题研究》2001年第2期,第54页。另据常玢教授提供的信息,"美国还与哈萨克斯坦、乌兹别克斯坦、吉尔吉斯斯坦三国分别签署了军事合作协议,并积极参与中亚维和营的组建工作。对在中亚地区举行的军事演习,美国许诺承担全部费用"。参见常玢:"美国的中亚战略探析",《兰州大学学报(社会科学版)》2001年第3期,第63页。

对中亚地区的渗透。但是，为了避免与俄罗斯迎头相撞，美国在中亚地区更多地运用软力量手段，找准俄传统势力范围的软肋，伺机突破，以图逐步压缩其战略空间。① 2005 年，美国利用中亚地区内部矛盾策动"颜色革命"，是其借助软力量控制中亚的最新尝试。

美国从 2002 年开始以支持反恐战争为由在中亚地区驻军和修建军事基地，但其在阿富汗和伊拉克战争结束以后并没有从中亚撤军。显然，无论反恐战争结局如何，美国势力都不会轻易撤出中亚。2005 年 4 月 12 日，美国防部长拉姆斯菲尔德（Donald Henry Rumsfeld）访问了吉尔吉斯斯坦，这显示出美欲长期在中亚驻军的意图。②

另外，美国充分认识到油气资源在 21 世纪的重要战略价值，有意控制中亚地区油气资源的开发。早在苏联解体之初，美国已经瞄准了里海丰富的油气资源。在美国政府的鼓励下，西方大石油财团，如美孚石油公司、德士古石油公司等纷纷在里海地区投下巨资。目前，美英两国控制着里海 27% 的石油和 40% 的天然气资源。同时，长达 1760 千米的巴库—第比利斯—杰伊汉石油管道更可能使美避开俄能源出口管线，将哈萨克斯坦和阿塞拜疆的里海原油经过格鲁吉亚运往土耳其，再从地中海装船运往美欧。③ 这有助于中亚国家在石油输送上减少对俄罗斯的依赖，客观上挤压了俄的战略空间，也使美可借此迫使哈萨克斯坦通过"美国管道"输出自己的石油，减少尚在修建之中的中哈石油管道（即"中国管道"）的石油供应量，从而增加中国能源供应的风险，降低"中国管道"的利用价值。

---

① 成宁："美国在中亚地区的战略利益及美俄争夺该地区的新态势"，《东欧中亚研究》2002 年第 3 期。

② 孙力："美国防部长访问中东中亚 5 国巩固其地区利益"，《环球时报》2005 年 4 月 20 日。

③ 李恒阳："浅析美国对中亚的战略"，《国际关系学院学报》2002 年第 5 期，第 29 页。

二、中国的中亚政策

中国与中亚地区存在非常紧密的历史地理关系。历史上,中国的影响范围一度到达费尔干纳盆地。地理上,中国的新疆与中亚国家毗邻,它们在宗教信仰和文化传统方面有着许多相似之处,并且相互影响。① 但在苏联解体以前,单独的中国与中亚关系并不存在。进入21世纪后,中国提高了中亚地区在自身对外战略中的地位。中国的"西部开发"战略要求西部边疆地区拥有比较安全稳定的环境。因此,针对"三股势力"的干扰,中国加强了与俄罗斯的战略协调,全面发展与中亚国家的关系,由此形成上海合作组织这样一个具有地区影响力的多边舞台。"9·11"事件后,中国对于美以反恐为基调加大对中亚的战略投入,一度表示理解。② 中美两国在打击"三股势力"、维护地区安全稳定和促进地区繁荣方面存在着利益交汇点,因而中国在这些领域积极与美国合作。然而,美国在阿富汗、伊拉克战争后仍长期在中亚驻军,谋求在中亚地区的全面优势,这很大程度上触及中国的安全利益。例如,美国在吉尔吉斯斯坦驻军,并试图在"甘西"空军基地(距中国新疆仅约400千米)部署预警侦察机,③ 这意味着中国的战略纵深——新疆地区全部直接暴露在美

---

① 潘志平:"新疆的地缘政治与国家安全——历史与现状的考察",《中国边疆史地研究》2003年第3期,第57页。
② 王桂芳:"美俄中亚战略及其对中亚安全的影响",《国际论坛》2002年第5期,第12页。
③ 余学会、许涛:"美国军事力量进入中亚及其影响",《东欧中亚研究》2002年第3期,第40页。

方的视线范围内,这不得不引起中国的警觉。在中亚政治发展问题上,中方反对美方插手中亚内部事务并利用"街头政治"等手段颠覆合法政权以破坏地区和谐与稳定。在2005年7月5日阿斯塔纳上合组织峰会上,中国赞同中亚国家呼吁美国撤出中亚驻军的主张。

中亚是中国周边安全环境的重要一环。努力争取发展与中亚的关系,促进这一地区的和平稳定与繁荣发展,不仅符合中国的国家利益,也符合中亚国家和人民的利益。中国对中亚的政策是建立在一系列外交创新思维基础上的,其中包括以"互信、互利、平等、协作"为核心的新安全观,"睦邻、安邻、富邻"政策以及"和平发展与合作"等原则,特别是在2006年6月15日上合组织上海峰会上,胡锦涛提出把本地区建设成"和谐地区"的主张。落实在具体政策上就是,中国主要从三个层面处理与中亚的关系。首先,中国本着互让互谅的精神,与中亚相关国家协商解决相互之间的边界问题。中国与吉尔吉斯斯坦和哈萨克斯坦都签订了边界协议,为发展相互关系扫除了障碍。其次,中国和中亚国家携手合作打击"三股势力",维护地区稳定与安全。中国和上海合作组织其他成员国一起批准在塔什干设立反恐中心,各成员国的强力部门都向该中心派驻了代表。各国经常交换情报,分享信息,努力防止"三股势力"对各成员国的安全利益造成损害。第三,美国发动的阿富汗战争并未消除毒品贩卖、武器走私和其他跨国犯罪活动,这些非传统威胁因中亚地域辽阔和治理上的疏漏而愈演愈烈。[①] 中国与中亚地区加强合作,目的就是防范和消除非传统安全威胁。

---

① 邓浩:"中亚毒品问题:现状与前景",《国际问题研究》2001年第4期,第49页。

通过发展经济贸易合作促进与中亚关系是中国中亚战略的重要基础。中国新疆地区与中亚在经济上具有很强的互补性,双边贸易往来源远流长。中亚国家独立后,中国新疆的边境口岸,如连接哈萨克斯坦的霍尔果斯、连接吉尔吉斯斯坦的吐尔尕都从中央政府获得了较为宽松的政策。① 同时,中国政府大力兴建新疆通往中亚的交通道路,其中有伊宁通往阿拉木图的公路、乌鲁木齐通往阿拉木图的铁路以及从喀什到比什凯克的公路。此外,正在筹建中的交通大动脉还有中国、吉尔吉斯斯坦和乌兹别克斯坦之间的铁路,它的建成必将带动费尔干纳盆地地区的经济发展,改善当地人民生活。② 经过双方的共同努力,近几年中国与中亚的贸易额迅速增长。2005 年中国与哈萨克斯坦的贸易额接近 50 亿美元,与乌兹别克斯坦的贸易额达 6.8 亿美元。2005 年 7 月 13—22 日,时任国务院副总理吴仪访问哈、乌、土、塔四国并主持中哈第二次合作会议。其间,中国与上述国家签署了包括能源合作在内的大量经贸协定,进一步推动了双边经贸关系的发展。在能源领域,从 20 世纪 90 年代中后期起,中国就与中亚开始了合作。当时中国为了满足日益增长的能源需求,实施能源供应多样化战略。1997 年,中国石油天然气公司以 3.2 亿美元的价格购买了哈萨克斯坦阿克纠宾石油公司 60% 的股份,从而获得在阿克纠宾斯克地区进行石油开采的许可权。2003 年,中国石油天然气集团公司分别从沙特一家公司和美国谢夫隆—德士古公司购买了哈萨克斯坦北布扎奇油田 35% 和 65% 的股权。为了把哈萨克斯坦的石油输送到中国,中哈签署协议修建"中哈石油管道"。这条

---

① 王海燕:"经济合作与发展—中亚五国与中国新疆",新疆人民出版社 2003 年版,第 314 页。
② 陈玉荣:"中国与中亚地区经济合作",《国际问题研究》2004 年第 4 期,第 51 页。

管道长约3000千米，建成后每年将向中国提供1000万—2000万吨原油，可以在一定程度上缓解中国能源供应紧张的局面。①

中国在中亚地区的影响力不断上升，这是综合国力增强和对外开放继续扩大的自然结果。中国的中亚政策以新安全观为指导，对其他大国在中亚的战略存在秉持着相当开放的态度。特别需要指出的是，中国不排斥美国在中亚的战略利益并且支持美主导的反恐斗争，愿意与国际反恐联盟合作，分享情报，协调政策，共同打击恐怖主义。在发展与中亚关系时，中国能够考虑美国的利益和影响，也乐见中亚国家与美国关系的发展。尽管美国在中亚驻军有悖于中国在中亚的安全利益，但中国仍采取了比较理性和克制的态度。简而言之，中国认为中美在中亚地区的地缘战略关系并非零和游戏，而应该是双赢的。

但是，中国也有自己的原则和底线：一个大国在中亚的战略存在不得以损害其他国家的利益为前提，任何大国不得在中亚谋求单方面的优势甚至是霸权；也不愿看到外部势力借口"民主化"而干预中亚内部政治进程，从而引起中亚的政治动乱和经济倒退。2005年以来，美国公开在中亚策划"颜色革命"，引起中亚混乱，这背离了中国所坚持的原则（包括新安全观），逾越了中国在中亚坚守的底线。因此，中国对美国的中亚政策提出质疑，并支持中亚国家维护独立、主权和领土完整以及呼吁美国从中亚撤军的合理要求。中国这些坚持原则的举动已经在2005年7月阿斯塔纳会议发表的《元首宣言》中得到体现，并告诫美在中亚是有禁区的，美国不能随意逾

---

① 新华社报道："收购哈石油打造'后大庆'战略"，参见赵常庆："哈萨克斯坦油气开发与中哈能源合作"，《中国社会科学院院报》2004年4月20日，http://www.zydl.net/2004/200410891620269.doc。

越这个禁区。

三、中美两国中亚政策比较

比较中美两国在中亚的政策，可以发现一个有趣的现象。本来应该采取防御性战略以固守自己在国际体系中领导地位的美国，反而在中亚地区采取了咄咄逼人的进攻性战略；而中国主要寻求在国际体系中的利益最大化，并希望加快缩小与美国的战略地位差距，采取了消极的防御政策。这里显然存在着某种错位。

从中美中亚战略定位之间的错位可以引申出这样几个问题。首先，美国是否属于现存国际体系的"守成大国"。前几年，有些学者把中美关系定性为"正在上升的新兴大国和仍有发展空间的守成大国间的磨合、共处和斗争"关系，或者是"守成的大国"和"崛起的大国"的关系[1]，并认为历史的规律往往是"新兴大国寻机改变既有国际规则和势力均衡，而所谓的'守成国'则以绥靖、遏制等战略应对，结果往往是战争"。[2] 但是，考察最近美国在中亚的战略攻势，并结合美国一系列挑战现有国际体系规范尤其是联合国权威的举动可以看出，美国对现行国际体系存有不满情绪，并试图改变之。其中的原因比较复杂，主要在于：战后国际体系形成以来，国

---

[1] 杨洁勉："美国的全球战略和中国的战略机遇期"，《国际问题研究》2003年第2期，第13页。袁鹏："'转型国家'与美国的战略"，《现代国际关系》2000年第11期，第20页。

[2] 刘慧华："中美关系不同于传统大国关系"，《环球时报》网络版2005年10月17日，http://world.people.com.cn/GB/3782192.html。

际力量对比结构发生了巨大变化。现在，美国作为唯一的超级大国，它的利益诉求、统治手法、国际观已与战后初期全然不同。美国有能力，也有使用这个能力的坚强意志在全球每一个角落实现自己的利益目标，世界各地都存在美国的势力。当国际体系的现状不符合其利益时，美国必然会产生改变国际体系的愿望和行动倾向，因此所谓的美国是"守成大国"也是相对而言的，主要还是看现存国际体系对美国利益的满足程度。美国的利益本身也是一个弹性相当大的概念，它取决于美国决策者的价值取向以及对自身力量的估计。当美国的决策者自认为力大无比、笑傲群雄并怀抱一统天下的雄心时，美国的利益需求就有可能摆脱现存国际体系的束缚，向全球每个角落无限扩张，中亚地区自然也不例外。中亚地区本身拥有许多地缘政治优势，如蕴藏着丰富的油气和其他自然资源；地处战略要冲：北能遏制俄罗斯南下，东能牵制中国的战略力量；南能敲打阿富汗塔利班势力和伊朗。美国目前最大的战略需求就是永久性地消除任何挑战美国霸权的国家或势力，同时又能控制中东、中亚及里海地区这一世界上蕴藏量最为丰富的能源地带，使美国在未来的地缘战略竞争中占据高地。

其次，中美两国在中亚的战略观是否相同。美国的中亚战略是其欧亚大陆大战略的一部分，而欧亚大陆战略正在成为美国全球战略的重点。历史上，美国崛起成为世界大国主要依据的是海洋战略理论。美国海军学者阿尔费雷德·赛耶·马汉（Alfred Thayer Mahan）认为，控制海洋，特别是控制具有战略意义的狭窄通道，对于大国的地位至关重要。[1] 在"马汉理论"的影响下，美国迅速发展

---

[1] [美]詹姆斯·多尔蒂、小罗伯特·普法尔茨格拉夫著，阎学通、陈寒溪等译：《争论中的国际关系理论第五版》，世界知识出版社2003年版，第168页。

成海洋大国,为其实现世界霸权奠定了基础。值得注意的是,尽管英国学者麦金德提出大陆心脏学说,但美国的决策者们对深入欧亚大陆心脏、与欧洲大国展开战略博弈一事兴趣不大,美国的主要战略目标是防止出现一个"敌对"的国家统治欧亚大陆,因此美国的战略重点是保障包括中东在内的欧亚大陆边缘地带相关国家的安全,这是美国愿意与西欧、日本、韩国等边缘地带国家结盟的主要战略考量,其理论依据来自美国政治学家尼古拉斯·斯拜克曼(Nicholas J. Spykman)的边缘地区架设。斯拜克曼认为控制心脏地带的陆权与支配海洋的海权从来不是一对矛盾的范畴,即不存在单纯的陆上势力与海上势力的对抗,地缘政治的优势在于欧亚大陆和近海之间的边缘地带。然而,"9·11"事件以后,美国经历了战后最重大的战略格局调整。美国在继续保持海空战略优势的同时,迅速将战略视线投放到欧亚大陆,把控制这一地区看作是长期稳固霸权国地位的主要战略手段。中亚地区处于欧亚大陆的心脏地带,资源十分丰富,战略地位重要,但其力量结构非常脆弱,苏联解体后出现了地缘政治力量真空的局面。如果美国借助反恐的有利时机,以阿富汗为突破口,迅速向中亚地区扩展美国的战略影响力,在欧亚大陆的中心地区确立美国的战略优势,那么美国就等于掌控了决定欧亚大陆战略力量消长的重要砝码。对于中俄这两个美国自认为的潜在的欧亚大陆挑战国,其通过大中亚地区这一战略平台,可以施展种种战略制约手段。对于俄罗斯,美国可以从油气输送线路、封杀出海口、核战略威慑以及"颜色革命"等方面进行挤压。对于中国,美国可以利用宗教民族矛盾制造复杂的局势,进而威胁中国西部的安全与稳定。当然,美国中亚战略的这一调整与其全球战略布局相关。超强的国家实力驱使美国的决策者试图建立新的联盟体系和新的国际秩序,并在中亚地区重新布局,构建美国占优势的中亚地缘政治新

· 11 ·

格局。

较之于美国进攻性的中亚战略,中国则比较务实和守成,主要目标是维护自身的安全利益,特别是保护新疆地区的安全以及确保中国在中亚合理的政治经济利益,本着互利双赢的原则开展经济合作,如合作开采里海油气资源等。所以,中国对于美军进入中亚和在中亚煽动"颜色革命"、推翻现政权的举动都没有出现强烈反应。中国无意在中亚地区与美国进行战略博弈,而是谨慎地恪守着上海合作组织发展的方向性原则,不愿意成为针对美国和任何第三方的同盟,更不愿意卷入中亚内部事务。在军事合作方面,中国采取低姿态,在中亚既未建军事基地,也未驻军,与中亚国家合作的跨境军事演习也完全针对"三股势力"。中国民间在中亚的经营活动主要局限于商务或文化领域。中国中小企业家在中亚的经营活动完全依靠自身努力,很少仰仗政府力量的支持。显然,中国一直坚持中亚目标的合理性,坚持在中亚事务中的自我克制,因而日益受到中亚国家和人民的欢迎。

那么,如何评估中美中亚政策的后果和影响。美国进入中亚地区的时间不算长,大部分时间都用于战略投资和积累战略资本。正是因为有了一定战略基础,美国才敢于在中亚地区挑起地缘政治大竞赛。然而,美在中亚的战略基础不足以承担美国宏大的战略目标,反而造成了不良的后果和影响。美国在中亚表现出来的战略躁动和政策激进使得中亚国家生出反感甚至是厌恶的情绪。它们对美国在中亚的战略意图产生了怀疑,因而要求美国设定从中亚撤军的时间表。对照之下,中国务实、低调的中亚政策却赢得中亚国家的普遍好感。在此之前,中亚国家对中国有过疑虑,担心自身会因双方国力悬殊而在对华交往中"吃亏"。然而,中国在发展与中亚关系时始终坚持睦邻友好的"新安全观"和平等互利、共同发展的"上海精神",中亚国家因而逐渐对中国感到亲近。2006年3月1日,哈萨克斯坦前总统纳扎尔巴耶夫在《总统国情咨文》中表示重视中哈关系,要学习中国改革开放的经验。① 其他中亚国家也表示要进一步加强对华关系。即使像吉、乌这样经历过"颜色革命"的中亚国家,也非常希望加强与中国的交往,希望中国加强与中亚各国的文化交流。② 可以这么说,中国与中亚国家的关系正在进一步巩固,在中亚的影响力正在不断增强。而美国正在迅速消耗自身在中亚的战略资本。这是中美中亚战略竞争的一个直接后果。

总而言之,"守成国家"美国凭借其超强的实力地位在中亚发动一轮又一轮的战略攻势;而谋求"和平发展"的新兴大国中国反而处于防御和守势。这种具有讽刺意义的现象出现的原因比较简单。从美国方面看,现存的国际秩序在许多方面也不符合美国的战略利益。现存国际秩序的基础是雅尔塔体系。虽然冷战已经结束,但雅尔塔会议上确立的一些重要国际机制,如联合国、国际货币体系和大国利益区域划分仍继续发挥作用。这些国际机制一方面有助于实现美国的全球利益,但另一方面也在妨碍美国的全球战略。现有的国际机制一方面赋予美国对外行为的合法性,但另一方面也可能质疑美国对外行动的正当性,特别是美国表现出的建立世界单极体系的愿望越强烈,现存国际机制对美国的制约力量就越强。以美国对伊拉克动武为例,联合国安理会没有批准美国对伊采取军事行动,使美国失去了道义上的支持,这是美国时至今日还深陷伊拉克困境

---

① 参见哈萨克斯坦2006年《总统国情咨文》,此本文本由哈萨克斯坦驻上海总领馆提供。另据哈萨克斯坦驻沪领馆官员透露,阿拉木图市在考察了爱尔兰、新加坡等国发展模式以后,决定采用中国浦东经济发展模式。

② 笔者在与塔什干孔子学院师生座谈时,亲身感受到乌兹别克斯坦民众对学习中国文化的热情。另与吉尔吉斯斯坦和塔吉克斯坦学者交谈时,他们也表示了在本国与中国合办大学的愿望。

的重要原因。因此，美国对现有的国际秩序也心存不满，并试图改变之，或借机突破之，这完全根据美国的利益需求而定。此外，中亚地区过去是苏联的一部分，美国没有机会打入，而苏联解体和中亚的独立给予了美国难得的机会插手中亚事务，加之中亚地区长期游离于国际体制之外，美国对中亚的战略攻势不容易引起国际社会的质疑。

从中国方面看，由于深受历史文化传统的影响，加之现代化进程开始不久，中国无意在自己的领土之外进行战略规划。中国的中亚政策本质上只有一条底线：无论中亚政权如何变化，只要它能够维护本国的安全与稳定，促进社会生活的繁荣，中国都会与之和平相处。中国最不愿意看到的是中亚政治局面的失控、社会局势动荡，进而危及中国的本土安全。中国清醒地认识到，中亚地区的政治进程尽管受到西方国家所策"颜色革命"的影响，但根源还是在于中亚国家内部。中国不会干预中亚地区的内部事务，也不会在中亚追求意识形态上的战略同盟。从长远来看，中亚政权的新老交替是其自身发展的规律，中亚国家选择什么样的政治道路完全取决于中亚国家人民的意愿。对中国来说，更重要的是这些国家政局是否稳定，是否对中国采取友好政策，是否能够为中国提供安全稳定的外部环境。美国的战略决策者们也应该以此作为其中亚战略的着眼点，并对中国的中亚政策意图做出正确的判断。唯其如此，中美两国才能找到在中亚地区开展合作的战略基础。

展望未来，美国将继续在中亚采取战略主动，谋求全面优势。中国则仍将以防御性姿态，守住现有的、合理的实际利益，并侧重维护在中亚的经济利益包括能源利益，同时毫不放松对"三股势力"的打击，为西部经济发展提供一个良好的外部环境。中美在中亚的战略利益既会有交汇之处，也存在一些矛盾。前者可提供中美合作机会，后者将引发中美矛盾。当今社会，这两种现象可能同时存在，关键看中美决策者怎么去把握，但却没有理由认为中美在中亚地区会因利益差异而必然走向冲突。

费尔干纳盆地问题研究

王梦霓[*]

【摘　要】　费尔干纳盆地地理环境封闭、社会治理效能低下、伊斯兰极端主义思想蔓延,该地区存在的问题主要表现为:经济发展滞后、恐怖主义活跃、民族关系紧张。费尔干纳盆地问题严重影响了该地区及其周边地区的稳定与发展。在"一带一路"倡议实施背景下,通过经济合作促进费尔干纳盆地塔、吉、乌三国搁置争议,改善三国关系为妥善解决费尔干纳盆地问题提供契机。此外,将费尔干纳盆地治理问题纳入到上海组织框架下,并通过建立中美大国协调机制和中国+塔吉乌三国("3+1")协调机制对费尔干纳盆地进行有效治理。

【关键词】　费尔干纳盆地;"一带一路";中亚

一、费尔干纳盆地问题

地处塔吉克斯坦、吉尔吉斯斯坦和三国交界地带的费尔干纳盆

---

[*] 王梦霓,同济大学土木工程学院,讲师,研究方向为国际战略。

地人口稠密，面积不到中亚面积的5%，但其人口总量约占中亚总人口的1/5。① 盆地核心地带包括隶属于乌兹别克斯坦的纳曼干州、安集延州和费尔干纳州，隶属于塔吉克斯坦的粟特州以及隶属于吉尔吉斯斯坦的贾拉拉巴德州、奥什州和巴特肯州。

  费尔干纳盆地民族众多且宗教成分复杂。苏联解体后，费尔干纳盆地一些地区成为塔吉乌三国权力真空地带，加之当地经济发展缓慢、失业率居高不下，民族矛盾尖锐，恐怖组织流窜于此地，民族、边界冲突和恐怖主义活动加剧了地区的紧张局势，费尔干纳盆地逐渐成为中亚地区的小"巴尔干"②，安全形势不容乐观。中亚重大事件大多发生于费尔干纳盆地，费尔干纳盆地集中反映了中亚安全形势的变化。目前，费尔干纳盆地问题集中表现为经济发展滞后、恐怖主义活跃、民族关系紧张。该地区的动荡严重影响了中亚及其周边地区的稳定和发展，同时也影响了"丝绸之路经济带"在中亚地区的顺利推进。

（一）恐怖主义活跃

  费尔干纳盆地的恐怖主义十分活跃，以"乌伊运"为代表的活

---

① Polina, Security challenges in Central Asia, Prospects of EU-Central Asian Relations, 2014, p. 7.
② 巴尔干化通常指因宗教民族矛盾升级而引发冲突，致使地区安全形势恶化的现象。巴尔干化最初发端于巴尔干半岛，这里民族众多、宗教派别云集，民族和宗教矛盾尖锐并不断升级，以至于出现以领土争端为表征的各种冲突事件，巴尔干半岛也常被称作"欧洲火药桶"。起初巴尔干冲突只是发生在波黑境内的三个主要民族之间，三个民族当时围绕领土划分及波黑未来发展前途产生摩擦，但是受到外部势力影响，摩擦逐渐发酵演变为大规模的波黑战争，最终使得战争在整个巴尔干半岛蔓延。简而言之，只要国家间因民族和宗教矛盾而引发地区冲突，这种现象都可以视作巴尔干化。引自朱新光、苏萍：《中亚可控化民主研究》，上海三联书店2015年版，第213页。

跃于该地的恐怖组织发动的数次暴力恐怖袭击给费尔干纳盆地造成严重的人员伤亡和财产损失，使该地区本就脆弱的安全形势更加严峻。除了"乌伊运"外，另一个被定性为恐怖主义组织的"伊扎布特"也给该地区稳定造成了极大的威胁。

2005年3月下旬，位于费尔干纳盆地吉尔吉斯斯坦境内的奥什遭遇袭击，乌属费尔干纳盆地的安集延也未能幸免；同年5月12日至5月13日，一群武装分子袭击了当地警察岗哨和部队营房，并冲进监狱释放了一批在押犯，安全局大楼和政府也一度被占领，这场骚乱导致数百人死亡；同年12月24日，奥什再次成为袭击对象，奥什州政府礼堂发生爆炸；2010年9月3日，费尔干纳盆地塔吉克斯坦境内的苦盏市因汽车炸弹袭击导致两名警察死亡，25人受伤；同年9月19日，塔吉克斯坦的军队在费尔干纳盆地遭遇恐怖袭击，导致至少23人遇难。

在费尔干纳盆地，恐怖主义和伊斯兰极端势力彼此交织，恐怖活动成为打着宗教旗号、以期推翻世俗政权、建立政教合一的伊斯兰国家极端势力实现其政治目标的最重要途径。当地的恐怖主义深受国际恐怖主义和极端主义的影响，"毒恐结合"以及恐怖主义与伊斯兰教极端势力的结合，使得当地恐怖主义问题更加复杂严峻，严重威胁着费尔干纳盆地及其周边地区的安全和稳定。

（二）民族关系紧张

在费尔干纳盆地的吉尔吉斯斯坦部分，65%的人口是吉尔吉斯族，27%是乌兹别克族；在乌兹别克斯坦部分，乌兹别克族占总人口的84.5%，塔吉克族占总人口的5%，吉尔吉斯族占总人口的3%；盆地内塔吉克斯坦部分的人口中，57%是塔吉克族，31%是乌兹别克族，1%是吉尔吉斯族。①

苏联解体使得费尔干纳盆地被乌兹别克斯坦、吉尔吉斯斯坦、塔吉克斯坦三国分割，出现盆地内同一民族跨界而居的现象。在苏联解体的过程中，民族传统文化的复兴以及主体民族对于重建独立国家的需要，使各主体民族开始把本民族的命运与国家前途密切联系起来。这不仅在心理上改变了主体民族之间的关系，而且对盆地三国之间的关系产生了直接影响。②

不断上升的民族主义情绪使得盆地内主体民族与非主体民族极易将微小的纠纷上升为冲突事件。民族主义情绪的上升和跨界民族之间的认同困境常常成为引发争端的导火索。2007年，在费尔干纳盆地的奥什、巴特肯、贾拉拉巴德等地，吉尔吉斯族和乌兹别克族曾发生过多起小规模族际冲突，而之后的2008年到2009年间，吉尔吉斯族和乌兹别克族两族青年也多次发生冲突。1989—2012年，费尔干纳盆地共发生十多次大的民族冲突，造成超过873人死亡，约3960人受伤。③

（三）经济发展滞后

苏联解体导致费尔干纳盆地地区经济形势发生巨大变化。失去了苏联的经济援助、过快的人口增长以及较高的人口密度使得盆地农村地区的经济更加脆弱。尽管当地政府和国际社会进行了各种努

---

① Anara Musabaeva, Anara Moldosheva. The Ferghana Valley: Current Challenges, United Nations Development Fund for Women (UNIFEM), 2005, p. 16.
② 张新平：《地缘政治视野下的中亚民族关系》，民族出版社2006年版，第73—75页。
③ 张娜：《中亚费尔干纳盆地的民族过程及相关问题研究》，中央民族大学出版社2016年版，第175页.

力，但是费尔干纳盆地农业区的贫困率仍不降反增。经济发展滞后、当地贫困化现象加剧以及失业率高居不下极易造成社会关系紧张，从而引发冲突。

●乌兹别克斯坦 ●吉尔吉斯斯坦 ●塔吉克斯坦 ●哈萨克斯坦

哈萨克斯坦：9940、11840、12090、11410、8810

乌兹别克斯坦：1740、1970、2110、2170、2220

塔吉克斯坦：1140、1310、1340、1240、1110

吉尔吉斯斯坦：1040、1190、1250、1180、1100

（美元$）2012—2016

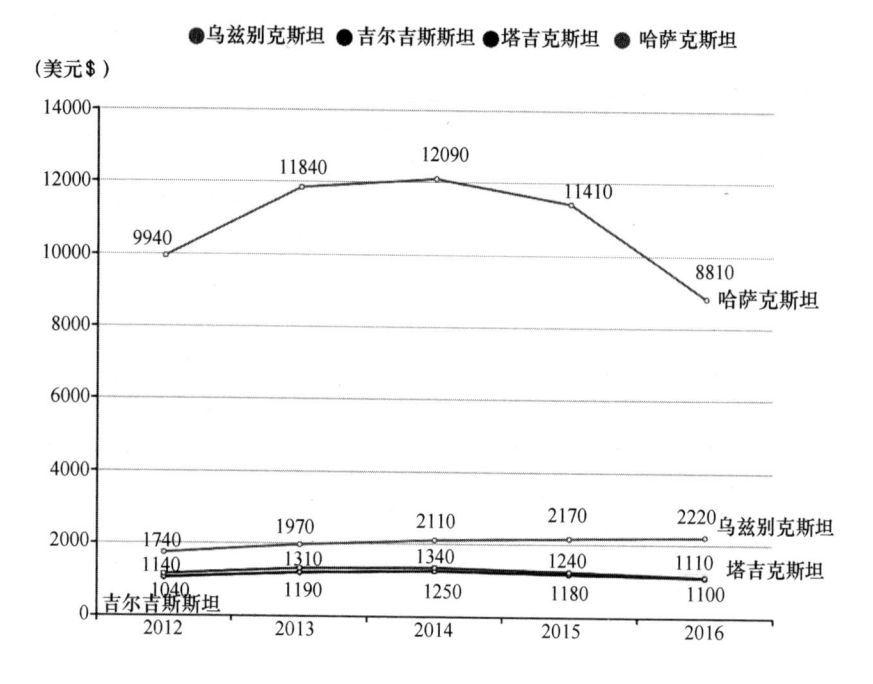

图1 费尔干纳盆地塔吉乌三国2012—2016年人均国民收入（GNI）指数

资料来源：世界银行。①

苏联解体后，尽管费尔干纳盆地的塔、吉、乌三国自独立后都不同程度地实施了经济改革，但这些改革举措并没有给社会发展带

---

① 与中亚哈萨克斯坦相比塔吉乌三国人均国民收入明显低于哈萨克斯坦，且三国人均国民收入也不尽相同。数据来自世界银行，https：//data.worldbank.org/country#。

来利好因素，反而进一步加剧了贫富分化。改革过程中政府的腐败、恶劣的投资环境、中小企业发展缓慢以及边防管控带来的地区性贸易壁垒，使得费尔干纳盆地的经济发展步履维艰，经济形势不容乐观。

二、费尔干纳盆地问题探源

（一）大国博弈的薄弱地带

苏联解体带来的权力真空和处于大国博弈较为次要的位置是费尔干纳盆地问题一直难以得到有效解决的重要原因。苏联解体后，伊拉克战争、阿富汗战争、伊朗核危机、巴以冲突、叙利亚危机、朝核问题、乌克兰危机等问题成为大国关注的焦点，而处在塔、吉、乌三国交界地带且问题丛生的费尔干纳盆地获取的国际社会关注度则较少。

费尔干纳盆地问题涉及三个主权国家，较为复杂棘手，该地区问题的解决需要大国的支持与协调。就目前而言，费尔干纳盆地问题在国际上关注度较低，其问题较难得到尽快解决。

（二）民族划界的影响

1924年，苏联在中亚地区进行了民族划界工作，1936年中亚五个国家相继以加盟共和国的身份加入苏联。中亚的民族划界和民族共和国的建立均是基于联盟中央指令完成的，但在进行划分的过程中并未充分考虑各民族的自然分布聚居情况,在区域划分上存在明显的人为因素。在中亚民族国家划界过程中,联盟中央也对费尔干纳盆地进行了综合的边界的划定。在此次划界中,费尔干纳盆地被分为三部分,分属于塔吉克社会主义加盟共和国、吉尔吉斯斯坦社会主义加盟共和国和乌兹别克斯坦加盟共和国。由此可见,在费尔干纳盆地特定城市及经贸中心归属问题上,苏联并没有充分考虑当地居民的实际需要,在边界划分过程中,民族国家地域的连续性同样被忽略。

苏联解体后,费尔干纳盆地的塔吉乌三国围绕边界、土地、水资源、矿产、环境等问题呈现出来的矛盾日益突出。水资源涉及各国人民的生存和发展,各国互不退让,该问题成为塔吉乌三国矛盾产生的重要原因之一。苏联时期的中亚民族—国家划界使得费尔干纳盆地形成较为复杂的边界格局,也成为诱发当地激烈矛盾冲突的原因之一,这次划界也导致一些民族聚居区和其主体民族国家相分离,飞地不仅影响了费尔干纳盆地居民的日常生活,也制约了当地经济的发展。飞地问题常成为塔吉乌三国干涉他国内部事务的借口,同时也损害了费尔干纳盆地塔吉乌三国间关系。原本作为一个整体的费尔干纳盆地在民族划界中被分割开来,分属于塔、吉、乌三个国家,三国边界地区也常常成为管理上的盲区,恐怖组织利用政府的管理疏忽,在这些地区频繁活动,导致地区安全形势更为紧张。①

(三)文明冲突的结合部

费尔干纳盆地是世界上最古老的历史文化区域之一,在历史上

---

① 张娜、吴良全:"费尔干纳盆地的飞地问题——对20世纪20—30年代中亚地区民族—国家划界的反思",《世界民族》2013年第1期,第29—37页。

不断被外族征服和统治。作为古丝绸之路的重要通道，费尔干纳盆地连接着欧亚，东西方文明和不同的文化在这里碰撞融合。费尔干纳盆地内的民族都十分重视保护和传承本民族的传统文化，当地传统文化有鲜明的民族、宗教和地域特色。中亚地处欧亚大陆的腹地，历史上不断有外族进入该地区，外来民族和当地民族在交流的过程中也带来文化的碰撞，民族的多样性带来了文化的多元化，加之宗教性与民族性的相互交织、彼此影响，该地区常被比喻为"文化的万花筒和大熔炉"。然而，文化上的多元和碰撞往往不可避免地会引发误解和摩擦。

尽管费尔干纳盆地是个多宗教地区，但伊斯兰教是该地区最主要的宗教。随着"伊斯兰激进主义"运动在相对封闭且人口稠密的费尔干纳盆地的趁势而起，其逐渐发展成一股颇有影响力的政治势力，其实质是一场以宗教运动形式出现的政治运动，目的是要建立伊斯兰国家。费尔干纳盆地的伊斯兰教氛围浓厚，当地居民大多对伊斯兰教缺乏系统、客观和正确的认识。此外，苏联解体后，当地经济发展滞后、失业人口较多，伊斯兰极端主义组织利用当地居民对政府的不满情绪，不断散播伊斯兰极端主义思想，通过动员当地居民加入，追求其政治目标，并不断进行试图推翻现政权的恐怖袭击活动，给费尔干纳盆地及其周边地区的稳定造成严重威胁。

三、费尔干纳盆地问题的影响

费尔干纳盆地恐怖主义猖獗，该地区严重的安全问题给"一带一路"倡议的顺利推进提出了挑战。费尔干纳盆地的恐怖组织带有浓厚的政治和宗教色彩，通过实施暴力恐怖活动，如绑架劫持、暗杀、武装袭击等来达到其政治目的。在此背景下，"一带一路"倡议沿线项目建设将面临直接的恐怖袭击风险。随着"一带一路"倡议的推进和海外投资的不断增加，越来越多的企业工厂、劳务派遣人员和旅游者前往该地区，恐怖分子极有可能通过劫持绑架人质等方式获取维持其组织发展的必要资金。同时作为重要的能源供应地，很多大型基础设施都在此搭建，此消彼长的恐怖活动极易威胁石油管道设施及运输的安全。动荡的环境使得贸易交流成本增加，不安全的投资环境让一些投资商望而却步。①

除了对中国海外人员安全、投资环境以及中国与当地的经贸合作构成潜在威胁外，由于地缘相近，该地区的宗教极端主义势力极易向新疆渗透，影响中国西北边疆的稳定。费尔干纳盆地恐怖主义问题将使得该地区的地缘政治形势更加复杂难控。费尔干纳盆地的恐怖主义与民族及宗教问题相互交织，因此，如果不能妥善处理极易引发国家动乱。恐怖组织常利用吉尔吉斯斯坦、塔吉克斯坦以及乌兹别克斯坦三国在边界、水资源等方面的争议破坏盆地三国关系并通过煽动当地民众对政府的不满情绪为其从事反政府破坏活动做动员。"乌伊运"曾流窜于乌兹别克斯坦和吉尔吉斯斯坦两国交界的山区，一方面利用这一特殊的地理位置躲避打击，另一方面也是利用两国政府推诿的态度继续策划恐怖活动以破坏地区稳定。

同时，"9·11"事件之后美国改变了战略重心，美国若借其在中东和中亚地区的军事存在在费尔干纳盆地以打击恐怖主义为名行遏制中国之实则无疑会阻碍中国"一带一路"倡议的实施。

---

① 李渤：" '新丝绸之路经济带'建设中的中亚地缘安全因素"，《扬州大学学报（人文社会科学版）》2017年第1期，第36—42页。

费尔干纳盆地宗教、民族问题突出，因民族问题所引发的社会文化融合困境将成为"一带一路"倡议在费尔干纳地区推进的无形屏障。受民族主义浪潮的影响，费尔干纳盆地的主体民族对于自身文化有较强的认同感，追求文化上的单一性，由此而带来的文化认同会扩散形成文化融合的壁垒。这既不利于"民心相通"，也增加了"一带一路"倡议推进的阻力。当地民族关系的紧张还对"设施联通"产生负面影响。在中亚地区，乌兹别克斯坦有历史优越感，也表现出雄心和抱负，乌兹别克斯坦人口最多，经济、科技实力雄厚，且中亚的全部乌兹别克族占中亚五国总人口的一半以上。中—吉—乌铁路项目始终进展缓慢，原因之一就在于吉尔吉斯斯坦国内政治精英忌惮铁路将加强吉南部乌兹别克族与乌兹别克斯坦的联系，恐导致南部失控。费尔干纳盆地安全形势的脆弱性和复杂性使得"一带一路"倡议沿线建设面临诸多威胁和挑战。

四、费尔干纳盆地问题的应对

2008年经济危机以来，全球经济恢复缓慢、世界经济严重赤字等问题都表明全球经济治理陷入困境。一方面，由于经济增长乏力，美国、欧洲等传统的国际公共物品供给国的意愿和能力在不断下降，导致国际公共物品供求失衡，从而引发经济赤字问题。另一方面，经济全球化塑造了新兴经济体、发展中国家等新的利益相关者，它们对参与全球经济治理产生了新的需求，要求改革现有国际金融体系与国际制度。在此背景下，中国作为新兴经济体的代表、世界第二大经济体、经济持续高增长的大国提出了"一带一路"倡议。

"一带一路"倡议覆盖了全球近一半的国家和地区，在经贸、基建合作的基础上促进各国之间全面互联互通，这是中国在全球经济治理赤字、国际公共物品供给不力、全球经济治理体系亟须改革的国际形势下所提供的中国方案。①

费尔干纳盆地问题之所以会愈演愈烈与苏联解体后处于三国交界地带面临着权力真空和大国没有将关注重心放在此地从而助长了宗教极端主义和恐怖主义发展有关，费尔干纳盆地问题具有跨国家、跨地域的特点，其中具有外溢性质的安全问题十分值得引发国际社会的共同关注。费尔干纳盆地面临经济发展缓慢、资金缺口大、基础建设落后等问题。"一带一路"倡议中的亚洲基础设施投资银行与丝路基金可以为费尔干纳盆地的经济发展提供必要的金融支持。其中，亚洲基础设施投资银行是由中国发起、发展中国家掌握话语权的金融机构。丝路基金作为支持"一带一路"倡议沿线建设专门成立的中长期投资基金，也是首个针对发展中国家的基建而设立的大型专项基金，用于为沿线基础设施建设领域提供投融资服务。通过与费尔干纳盆地加强经济合作，提供技术、设备帮助从而促进其经济转型，通过加强基础设施建设促进当地人口就业、刺激当地经济增长，使其摆脱贫困的困境为消除恐怖主义和宗教极端主义奠定经济基础。"一带一路"倡议以实现互联互通为目标，它将原本交往尚少且处于内陆的费尔干纳盆地与海洋国家和地区联通起来，使其能够在进出口贸易、能源、陆运与海上航运等方面加强合作。作为"一带一路"倡议沿线地区，费尔干纳盆地的塔吉乌三国存在着领土、水资源等争端，以经济合作的方式使三国达到互利共赢可以促

---

① 贺鉴、王璐："'一带一路'建设重塑全球经济治理"，《中国社会科学报》2018年1月11日，第5版。

进三国以经济利益优先、搁置争议,从而改善三国关系为三国妥善处理发生在费尔干纳盆地的争端提供了契机。

费尔干纳盆地经济结构单一、失业率居高不下、局部冲突与社会动乱频发。"一带一路"倡议的实施有利于扩大当地就业、改善民众生活、促进当地经济的发展,缓解费尔干纳盆地紧张的局势,为当地的安全与稳定提供可能。

结　语

历史上,作为古丝绸之路必经之地的费尔干纳盆地曾经是连接东西方最为重要的交通枢纽之一,古丝绸之路这条古商道繁荣了当地的贸易也促进了东西方文化的交融。苏联解体后,塔吉乌三国间在跨界民族、领土、资源等方面存在着不同程度的矛盾和冲突,加之费尔干纳盆地人口稠密且为多民族混居、不同文明交汇的融合之地,矛盾和纠纷难以避免。由于政治经济基础薄弱,塔吉乌三国政府对地方势力的控制能力有限,一些恐怖组织和伊斯兰极端组织利用当地民众对政府的不满情绪传播极端主义思想并动员当地失业居民加入恐怖组织并企图通过恐怖活动等形式来摧毁世俗政权。

民族关系紧张、恐怖主义的活跃以及经济转轨收效不彰贫困问题突出加剧费尔干纳盆地紧张的局势。作为"一带一路"必经之地的费尔干纳盆地的稳定关系到"一带一路"倡议的顺利实施。面对如今费尔干纳盆地动荡不安和问题丛生的局面,亟须在"一带一路"倡议实施背景下,通过基础设施建设、搭建当地消费市场等方式激发费尔干纳盆地当地经济的内生活力促进就业减少贫困人口,并建立大国协调机制加强各方包括在反恐等领域的合作以推动费尔干纳盆地问题的解决,为中亚及其周边地区的稳定奠定基础。

印度中亚战略设计的逻辑基础和利益考量*

邓 辀**

【摘 要】 21世纪初,印度开始实施其中亚战略。从实施的内容来看,印度的中亚战略主要围绕三个内容展开,即建设南北走廊、租用恰巴哈尔港和加强与中亚国家的军事合作。印度中亚战略所呈现出来的特点主要是借力大国的中亚战略并以伊朗和塔吉克斯坦为战略支点。印度中亚战略背后所反映出来的是其在地缘政治大国和地缘经济文化两方面的诉求。印度积极推行中亚战略的利益考量在于实现大国梦、维护国家政治和经济安全以及保障能源供给。

【关键词】 印度;中亚战略;逻辑基础;利益

英国著名地缘政治学家麦金德曾指出,"谁控制了中亚地区,谁就能控制亚欧大陆,甚至是整个世界"。① 早在19世纪,英俄两国就在中亚地区展开了地缘政治大博弈。冷战结束后,中亚地区脱离苏联,在法理上重新成为一个独立的地理单元,在一定时期内形成权

---

* 原文发表于《学理论》2019年第6期,本文在原文基础上有改动。
** 邓辀,中国人民大学国际关系学院博士生,主要研究方向为联盟理论与实践,中亚地区研究。
① [美]杰弗里·帕克,刘从德译:《地缘政治学:过去、现在和未来》,新华出版社2003年版,第31页。

力真空地带。权力真空地带的形成，加上新发现的丰富的能源，中亚地区吸引了大国的目光。2001年之后，由于反恐战争在阿富汗的展开，中亚的地位愈发重要，因此各国纷纷制定了自身的中亚战略，以期在中亚地区分一杯羹。一时间，中亚地区再度成为大国政治的博弈场。

古老的印度在历史上就与中亚地区有诸多联系和往来，而且其历史上的多次兴亡都与中亚密不可分。可以说，中亚地区在印度国家战略和安全中占有极其重要的地位，而且这种地位是经过历史证明的。20世纪末以来，印度快速发展，开始以"新兴大国"的身份出现在世界舞台上。同时，伴随着国际政治格局发生重大变化，中亚地区逐渐成为印度外交政策中的重点。经过一段时间的发展，印度自身的中亚战略逐渐成型。

一、印度中亚战略的内容

21世纪初，印度开始实施其中亚战略。从其战略实施的内容来看，南北走廊建设、租用恰巴哈尔港以及与中亚国家的军事合作是重点内容。

（一）南北走廊（INSTC）建设

2000年9月12日，印度、俄罗斯和伊朗三国签署《国际南北运输通道协议》，该协议将形成一条从印度出发，经过伊朗和里海，进而到达俄罗斯和北欧的贸易运输通道并于 2002 年 5 月 16 日起生效。① 南北走廊的目标是加强运输部门的有效合作；促进进入国际市场；增加客运和货物运输量；提供证券交易服务；旅行安全、货物安全以及环境保护；协调海关和保险单据/海关手续方面的运输政策等。

但是，由于缺乏资金，加上伊朗自身面临国内外困境，该计划自提出之后一直进展缓慢，几近消亡。莫迪政府上台之后，印度政府开始重推这一政策。为了论证这一项目，印度方面对沿线相关地区做了大量数据采集和技术性测试。测试结果表明，项目建成之后，从印度到欧洲的货运距离将缩短 40%，运输时间和费用也将同时大幅降低。2015 年，莫迪一次性访问中亚五国，推动南北走廊项目的进程是他此行的重点。同年，俄罗斯总统普京访问印度，双方在南北通道问题上进行了深入交谈。2016 年 12 月 8 日，在印度驻俄罗斯大使馆的支持下，有关会议在莫斯科召开，与会者包括俄罗斯交通部部长、伊朗和阿塞拜疆驻俄罗斯大使等，此次会议的目的就是推动交通通道的实际运行。此外，印度还积极呼吁这条线路的周边国家加入这一项目当中。目前，除三个倡议国之外，加入该项目的还包括阿塞拜疆、亚美尼亚、哈萨克斯坦、吉尔吉斯斯坦、塔吉克斯坦、土耳其、乌克兰、白俄罗斯、阿曼和叙利亚十个成员国以及保加利亚这个观察员国。

（二）租用恰巴哈尔港

在南北走廊建设过程中，伊朗港口恰巴哈尔港是连接陆路和海

---

① "Inter-Government Agreement on International 'North-South' Transport Corridor", at http：//www.instc.org/Include/ReadFile.asp? qsFileName = Agreement.pdf&qsFilePath = EArchive \ rad742BC.pdf.

路的关键，具有重要的战略地位，被称为"黄金通道"。① 恰巴哈尔港不仅具有重要的战略地位，而且在连接南亚（印度）、中东（迪拜）和中亚的商业增长中心方面具有巨大的潜力。它靠近通往亚洲和欧洲的干线航运路线，位于伊朗锡斯坦和俾路支省的马克兰海岸，便于货物转运到阿富汗北部和南部以及中亚各共和国。正是基于重要的地理区位和战略地位，印度将租用和建设恰巴哈尔港作为其中亚战略实施的重点之一。

2008年，伊朗时任总统内贾德访问新德里期间，印伊双方首次就恰巴哈尔港和铁路延伸到与阿富汗边界的问题进行讨论。2010年6月，印度再度强调了恰巴哈尔港项目的重要性，印度时任外长指出，恰巴哈尔港项目是"印度和伊朗对阿富汗和整个地区的美好愿望的核心"。② 2016年5月，莫迪访问伊朗，两国签署了多项投资合作协议，其中恰巴哈尔港的合作协议"具有重要的里程碑意义"。2016年5月23日，阿富汗总统加尼、伊朗总统鲁哈尼和印度总理莫迪在德黑兰共同签署了恰巴哈尔港合作协议，即《国际运输与转口走廊协议》。印度承诺，将在恰巴哈尔港项目上累计投入超过2亿美元。

恰巴哈尔港的建设，不仅将联通中亚和印度，方便两地区之间的商品贸易往来，同时也将加强印度与伊朗之间的经贸合作，并且在合作建设港口过程中，开辟铁路、机场、石油化工、船舶制造和修理等领域的合作。

---

① "Chabahar, the Neglected Land", Presentation made by Seyed Majid Modirzadeh from Chabahar Free Trade-Industrial Zone Organisation at the 8th IPIS-IDSA Round Table, Tehran, 5–6 July 2011.

② Speech by foreign secretary at IDSA-IPIS Strategic Dialogue on "India and Iran: An Enduring Relationship", 5 July 2010, at http://meaindia.nic.in/mystart.php?id=530116039.

（三）加强军事合作

印度与中亚地区的军事合作是印度中亚战略的重中之重。自中亚五国独立以来，印度就一直谋求在中亚地区的军事存在，并为此展开了积极的努力。2002年4月，印度与塔吉克斯坦拟签署双边军事协议，规定印度将在军事人员培训、武器装备更新换代等领域与塔吉克斯坦开展合作和提供援助。[①] 2003年8月，印度与塔吉克斯坦举行了联合反恐军事演习；11月，印度国防部长费尔南德斯前往哈吉两国访问，并与哈萨克斯坦签署了一系列两国合作反恐的官方文件。2005年，乌兹别克斯坦前总统卡里莫夫访问新德里，双方签署了一系列军事方面的协议。2007年2月，印度与俄罗斯和塔吉克斯坦签署协议，在三方共同负担整修资金的基础上，三方共同拥有杜尚别附近某空军基地的指挥和使用权。这座空军基地是印度在中亚的第一座空军基地。2015年7月，印莫迪访问中亚五国，就建立反恐安全联络组和联合军演等方面的问题与中亚国家达成协议。

从印度与中亚国家的军事合作内容来看，合作领域涉及军工、武器装备、军事交流、反恐等诸多方面。通过多年的努力，印度与中亚国家的军事合作已经取得一定成果，双方之间的军事互信稳步增加。对于印度而言，军事领域与中亚国家的成功合作，帮助其实现了在中亚地区稳定的军事存在，这对印度实施其整个中亚战略并达成最终的战略目标具有非常重要的意义。

---

① 杨恕译：《中亚和南亚的恐怖主义和宗教极端主义》，兰州大学出版社2003年版，第198页。

二、印度中亚战略的特点

(一) 借力大国的"中亚战略"

由于中亚地区重要的战略地位，苏联解体后，中亚便成为大国之间的博弈场，除了俄罗斯继续在该地区保持传统的重大影响力之外，美国、日本、土耳其、伊朗等世界性和地区性大国也纷纷进入中亚。各方势力竞相进入，也造成中亚地区大国力量错综复杂、相互竞合的局面。这种局面对想要进入该地区的印度来说，是一种机遇，但更是一种挑战。为了减少进入中亚的战略阻力，印度采取了与大国合作，而非单干的方式。印度在中亚地区与大国合作最明显就体现在与美国、俄罗斯和伊朗的合作上。

美国在中亚地区实施的"新丝绸之路计划"主推 TAPI 管道项目建设，但是资金不到位、沿线地区局势动荡等诸多因素导致该项目实际进展缓慢。但是，该项目在建设中亚和南亚之间经由阿富汗的油气运输管道方面完全符合印度的利益诉求，因此印度不遗余力地推动该项目。这样做在达到预期目的的同时，也减少了自身的成本投入，还借此很好地维持了美印之间的同盟关系，收益巨大。此外，同俄罗斯在中亚地区的合作也是印度实施中亚战略的手段之一。印度建设"南北通道"实际上是为中亚国家找到一个出海口，极大地便利了中亚丰富的油气资源进入国际市场，从而形成与俄罗斯在国际能源市场上的竞争局面。从这一点来看，俄罗斯对"南北走廊"项目应该持反对意见才对，而实际上它却是支持的。俄罗斯态度的转圜与印度主动采取合作的姿态是分不开的。在"南北通道"项目上，印度主动邀请俄罗斯参加，并且将线路直接规划至俄罗斯，使"南北通道"项目也满足了俄罗斯的利益需求。与此同时，印度的合作姿态使俄罗斯看到将其用于平衡美国在中亚影响力的可能性，因此俄罗斯也积极与印度进行合作。印度借助俄罗斯意欲平衡美国在中亚影响力的战略需求，成功避开了俄罗斯对印度进入中亚的阻力效应。在西亚地区，伊朗的大国地位是毋庸置疑的。客观上的大国身份与主观上的大国思维都刺激甚至要求着伊朗将自身的势力延伸至临近的中亚地区。在这一点上，伊朗也采取积极行动，其中由伊朗、阿富汗、塔吉克斯坦组成的"波斯语国家联盟"就是其重要举措之一。同时，伊朗还是中西亚经济合作组织的创始国，该组织拥有包括中亚五国和巴基斯坦、阿富汗等在内的 10 个成员国，是重要的区域经济合作组织。[①] 印度在实施中亚战略时，积极与伊朗合作，并将伊朗作为战略支点国家，为其中亚战略的顺利实施铺平了道路。

（二）以伊朗和塔吉克斯坦为战略支点

在广义上的中亚地区诸国之间的关系中，印度与伊朗、塔吉克斯坦之间的关系要好于与其他中亚国家之间的关系。2012 年，印塔双方一致同意将两国关系定义为"战略伙伴关系"，此后，双方高层频繁互访。印度与伊朗"在语言、文化和传统上有诸多共同特征"，双方之间的联系已经持续了近千年。伊朗革命后，尤其是 21 世纪以来，双方一直保持着密切的政治经济往来。印度与这两个国家的良

---

① 吴宏伟：《中亚地区发展与合作机制》，社会科学文献出版社 2011 年版，第 176 页。

好关系,加上塔吉克斯坦和伊朗的战略地位和价值,使这两个国家成为印度实施中亚战略的支点国。

在中亚五国当中,塔吉克斯坦相对于其他四国而言有其自身的特殊性,这种特殊性体现在塔吉克斯坦的民族身份与地缘政治地位两方面。中亚五国中,除塔吉克斯坦以外,其他四国的主体民族均属于突厥民族,而塔吉克斯坦的主体民族塔吉克族却是一个独立的民族,并不属于突厥民族。塔吉克族的起源可追溯到古代中亚地区的西徐亚人,西徐亚人在塔吉克民族的先祖东伊朗语部落的形成过程中发挥了决定性作用。经过发展,塔吉克民族在萨曼王朝的建立中正式形成。在历史发展过程中,塔吉克人和其他种族的居民相互融合,并最大限度地保存了东伊朗的民族成分,因此塔吉克人也被称为东伊朗人,与西伊朗人(即波斯人的祖先)在人种上和语言上有亲缘关系。由于民族和语言文化上的亲缘关系,塔吉克斯坦与伊朗之间的政治经济关系相较于伊朗与其他中亚国家而言具有更深厚的基础。同时,塔吉克人也广泛分布在阿富汗地区及周边国家,据数据显示,阿富汗的塔吉克人口大约为1100万,占阿富汗总人口的27%左右[1],是阿富汗西北部人口最多的民族,且在阿富汗的塔吉克人大多受过良好教育并成为社会精英,对社会政治经济具有较强的影响力。在巴基斯坦,自蒙兀尔起就有大量塔吉克族的技术工人、商人、教师等迁入并长期定居。1979年苏联入侵阿富汗和苏联解体后的塔吉克斯坦内战时期,又有大批塔吉克族人迁徙至巴基斯坦。据估计,如今在巴基斯坦的塔吉克族人约有120万。除了阿富汗和巴基斯坦,塔吉克族在俄罗斯和其他中亚国家也有分布。人口的广

---

[1] central intelligence agency, "Afghanistan". the word Factbook. may 10, 2010. https: //www. cia. gov/library/publication/the-world-Factbook/geos/af. html#people.

泛分布，加上塔吉克斯坦连接中亚俄罗斯与阿富汗巴基斯坦的战略枢纽地位，赋予了塔吉克斯坦在该地区事务中特殊的影响力和潜在权力。而对与巴基斯坦长期不睦的印度来说，塔吉克斯坦的战略地位就更加显著。

印度将伊朗作为中亚战略的另一个支点国家，一方面是因为伊朗本身作为地缘政治战略支轴国家的地位，另一方面在于在应对中亚地区"泛突厥主义"问题上伊印有共同利益。在客观层面，伊朗处在南北通道、东西通道（旧丝绸之路）、欧洲—高加索—亚洲运输通道项目（TRACECA）等一些重要国际运输通道的"十字路口"，地缘战略和经济地位十分重要。从目前来看，印度要绕过巴基斯坦进入中亚，伊朗是必经之路，而且在印度的"南北走廊"项目建设中，伊朗发挥着咽喉的作用。此外，出于民族和文化上的联系，伊朗、阿富汗、塔吉克斯坦之间形成的"波斯语国家走廊"对于印度进入中亚地区大有裨益。在主观层面，伊朗向来以地区大国自居，期待在临近的中亚地区有所作为，因此对中亚地区的另一侧翼地区大国土耳其在中亚地区掀起的"泛突厥主义"深有忧虑。而对印度来说，"泛突厥主义"的发展只会扩大土耳其在中亚地区的影响力，从而削弱印度的地区影响力，因此印度也不愿看到其发展。共同的利益诉求让印度看到与伊朗进行合作的前景，从而将伊朗作为自身中亚战略的支点国家。

三、印度中亚战略的逻辑基础

任何一个外交战略都是由其政治文化深处的逻辑和所处的特殊

国际国内环境共同作用而产生的，印度的中亚战略亦是如此。理解印度的中亚战略，更重要的是应理解其战略实施的逻辑基础。

（一）地缘政治大国逻辑

印度不仅是一个历史悠久的国家，而且在历史上曾经是一个大国，创造过辉煌灿烂的人类文明。尽管在近代受到英国的殖民统治，但是印度的大国情怀一直延续着。无论是20世纪四五十年代印度与周边小国签署的一系列不平等条约，还是尼赫鲁时期在国际上推行的不结盟政策，都是印度大国意识在外交政策当中的集中体现。随着冷战的结束和印度的发展，大国思维对印度国家战略和外交实践的影响越来越大。1991年，拉奥政府提出将印度建设成"经济大国"的目标并全面推行经济改革，使印度经济得到快速发展，"1992年以后，印度连续7年的GDP平均增长率超过6%"。[①] 同时，印度在外交领域奉行"古拉杰尔主义"，古拉杰尔主义强调，"印度作为主导力量，应单方面给予邻国在贸易和经济方面的优惠措施，不期待严格的互惠"。[②] 1998年瓦杰帕伊上台后，"军事大国"成为印度对外战略目标的一部分。可以看出，冷战后印度国家战略的一个最大特点就是以成为"大国"为目标，而这种大国思维也成为印度外交战略制定的重要影响因素之一。

印度之所以积极推动实施中亚战略，地缘政治大国思维是背后的重要推动力量。冷战后，中亚在世界地缘政治中的地位日益凸显。在

---

① 张文木："印度的大国战略与南亚地缘政治格局"，《战略与管理》2002年第4期。
② Kishore C. Dash, "The Challenge of Regionalism in South Asia," International Politics Junol, 2001, 38（2）: 216-27.

客观层面，中亚是世界地缘政治的心脏地带，位于俄罗斯、中东、南亚和远东的十字路口地带。该地区任何的地缘政治变动都将不可避免地影响到邻近几个国家，战略地位十分重要。因此，要想成为世界性大国，印度必须在中亚地区形成自己的权力和影响力。在主观层面，作为地区大国，在地缘政治大棋局中占据一定位置的战略考量要求印度将中亚纳入自己的战略关注范围之内。2001年，有印度学者指出，"印度的地缘战略位置决定了它的安全政策的首要重点必须是它与邻国以'扩大化的安全视野'内的国家之间的关系。所谓'扩大化的安全视野'在官方文件中，就是'具有经济、社会、文化和环境联系并因此形成重叠的安全利益的区域'"[1]。而中亚地区就是"扩大化的安全视野"的构成区域之一。无论是印度作为地缘政治大国的现实，还是其追求大国目标的主观愿望，都蕴含着"地缘政治大国"的思维，正是这一思维构成印度推行中亚战略的逻辑起点。

（二）地缘经济文化逻辑

世界上很少几个地区之间存在不间断的文明和经济联系，更何况这种联系持续了不只1000年，而是4000年。考古学相关证据显示，印度与中亚之间早在公元前3000年末2000年初就已存在密切的联系，[2] 而这一联系即使在双方被殖民时期也未曾中断。19世纪至20世纪初，大约有8000名印度移民居住在中亚。就影响力而言，

---

[1] Brigadier Vijai K. Nair VSM (Retd) Ph. D., "Challenges for the Years Ahead: An Indian Perspective," Paper Presented to the Annual National Defense University Asian-Pacific Symposium, Honolulu, March, 2001, www.ndu.edu/inss/symposia/pacific2001/nairpaper.htm.

[2] Bongard Levin, G. M. 1970. "India and Central Asia, Historical and Cultural Contact in Ancient Times", in Amalendu Guha, ed., Central Asia, Movements of Peoples and Ideas from Times Pre-Historic to Modern (pp. 97–109). New Delhi: ICCR and Vikas Publications.

印度社区远超俄罗斯以外的其他任何外来定居者。印度与中亚地区之间的经济文化联系虽然一直未中断，但是受到国际政治格局的影响，双方的互动一直处于一个较低的水平。尽管自1991以来印度与中亚贸易不断增长，但双方贸易额仍处于一个微不足道的水平，1996至1997年间双边贸易额仅为3200万美元。这甚至不到中亚各共和国贸易总额的0.5%。到2005年，这个数字已经上升到2.2911亿万美元，而根据专家的估计，中亚市场年均体量可达800亿美元。[①]

进入21世纪以后，伴随着印度经济的发展，印度对外贸易也蓬勃发展，但是由于巴基斯坦阻断了印度北上的道路，陆上交通不畅导致印度与中亚的贸易量非常小，同时也造成印度的对外贸易几乎只能依靠海路，对贸易发展非常不利。为适应发展的需要，印度开始注重建设与中亚之间的贸易路线。2012年，印度提出"连接中亚"政策，其目的就是打通与中亚之间的联系，并使之重新繁荣。

历史悠久的经济文化社会联系为印度在中亚地区推行自己的战略打下了基础，而现实的需求则为之注入了新的动力。二者的共同作用成为印度加强与中亚联系、实施中亚战略的逻辑原点。

四、印度中亚战略的利益考量

中亚位于欧亚大陆的中部，是最便捷的交通运输通道，并且有丰富的矿产资源，与此同时，其作为一个消费市场也具有巨大的潜

---

① Kaushik Devengra. 1970. Central Asia in Modern Times. Moscow: Progress Publishers, pp. 12 – 17.

力。印度作为中亚地区的邻国，在该地区有巨大的地缘战略和经济利益。同时，中亚地区的形势还与印度国内的稳定密切相关。

（一）配合印度国家总体战略实施

对印度来说，要真正实现"大国梦"，克服地缘政治上的障碍，走出南亚是重要一步。从地理位置来看，印度三面环海，只有北面是陆地，因此要走出南亚，印度必须在北部有所作为。而从地缘战略层面来看，印度进入中亚，至少有这样几方面的利益：

第一，印度能在地区层面的竞争中争取到战略主动。要想成为世界性大国，首先要求印度是一个地区性大国。对印度来说，尽管它是南亚地区的大国，但是在它的周边，它认为至少存在两个竞争"对手"——中国和巴基斯坦，而且巴基斯坦还是其长年以来的敌对国家。这就要求印度在成为世界性大国之前，必须在与这两个国家在地区层面的竞争中占据战略主动。在印巴关系中，中亚是巴基斯坦的背靠之地，印度成功经略中亚，就能够对巴基斯坦形成战略包围，占据战略主动。在印中关系中，印度一直将中国的"一带一路"倡议视为中国对印度的战略包围，因此，始终没有加入。而中亚又是"一带一路"倡议沿线的核心区域。因此，印度进入中亚，将在一定程度上与中国形成竞争局面，进而削弱中国在该地区的部分影响力，打破中国对印度所谓的"包围"。与此同时，中亚与中国新疆地区相邻，印度可以通过在中亚的活动在新疆问题上牵制中国。

第二，印度在世界地缘政治中心占据一席之地。中亚地区在世界地缘政治中的地位已无需赘述，地位的重要加上能源因素，吸引了世界上各个大国的目光。在目前的中亚，大国势力错综复杂，美、日、俄等均有染指，没有谁能一家独大，这也在客观上给印度提供了进入中亚的机会。单从战略层面看,印度成功立足中亚之后,将真正意义上走出南亚,极大地扩展自己的战略生存发展空间。同时,通过中亚,印度还可以打通自身与俄罗斯及欧洲之间的战略通道,获得更大的战略机遇。除此之外,通过参与控制或至少是影响中亚这一地缘战略中心,印度可以在全球层面的大国博弈中获得更多资本,从而拥有更多的话语权和影响力。

第三,宗教和民族因素为中亚地区的地缘战略增添了新的维度,这一维度就在于中亚地区穆斯林尽管占主导地位但同时存在多民族和宗教并存的状况。这也影响到整个亚洲的地缘政治,对中亚地区周围的国家而言更是如此。中亚是中国和俄罗斯两个核大国的战略枢纽,也是俄罗斯和伊斯兰世界的交汇点,同时还与作为地区宗教极端主义发源地的阿富汗接壤。从这一层面看,印度在中亚地区同样拥有重要的战略利益。克什米尔争端使得印度不可能与中亚地区的政治局势变化脱离关系。任何中亚地区的伊斯兰极端主义团体都有可能在克什米尔地区引发相似的事件,进而影响到印度北部和西北部边界的安全。

(二) 遏制恐怖主义对国家安全的威胁

而今,随着跨国恐怖主义势力的不断扩张、宗教极端主义/政治伊斯兰主义的不断蔓延,中亚和南亚的安全问题日益严峻,恐怖主义在俄罗斯、中亚和印度所面临的非传统安全威胁当中的地位日益突出。受宗教和历史因素的影响,宗教极端势力、恐怖主义、民族分裂"三股势力"在中亚地区汇集。近年来,中亚地区的费尔干纳盆地、奥什地区所滋生的恐怖主义已超出中亚的地理范围,与克什米尔问题交织在一起。① 这一发展态势成为克什米尔地区恐怖主义活动频发的诱因,也成为印度政府十多年来无法解决的问题。

一直以来,印度都深受恐怖主义之害。1994—2012 年,印度共有 62126 人受到恐怖主义伤害,其中安全人员 9180 人,平民 23772 人,恐怖分子 29174 人。② 而据经济与和平研究所发布的数据显示,2016 年,印度死于恐怖主义的人数相较于 2015 年上升了 18%,恐怖袭击的次数增长了 16%,在 GTI 上排在第八位,延续了四年来袭击增加的趋势。③ 影响印度的恐怖主义大致可分为跨境恐怖主义、与种族和身份认同相关的恐怖主义、左翼极端恐怖主义和宗教极端恐怖主义四类④。由于与中亚接壤,影响印度的恐怖主义活动在很大程度上都与中亚地区的恐怖主义势力有所联系。因此,中亚地区的恐怖主义形势,以及阿富汗地区的恐怖主义的形势,直接关系到印度国内的安全与稳定。一方面,中亚与南亚的恐怖主义势力合流趋势明显,加剧了跨国恐怖主义势力对印度的影响;另一方面,阿富汗和中亚地区的不稳定对印度也造成巨大影响。在印度看来,塔利班的扩张将增加自身在克什米尔问题上所面临的压力,并将巴基斯坦的战略触角扩展至印度与中亚之间的战略通道。从目前的地区恐怖主义发展态势来看,阿富汗和巴基斯坦仍然是中亚和印度不稳定的重要来源。而中亚地区的不稳定,使得南亚的安全环境面临更多的压力。

---

① 徐慧、杨恕:"中亚与印度的大国战略",《俄罗斯中亚东欧研究》2004 年第 4 期,第 72 页。
② "India Data Sheets", http://www.satp.Org/satporgtp/countries/india/database/index.html. 7/2/2018.
③ Global terrorism index 2017. http://economicsandpeace.org/reports/.
④ 时宏远:"印度的反恐形势及反恐政策",《国际论坛》2013 年第 3 期,第 66—72 页。

正是因为在反恐和非传统安全问题上,印度在中亚具有至关重要的利益,所以在印度的中亚战略当中,与中亚国家进行反恐合作,以及在中亚布置军事力量成为重要的构成内容。

(三) 维护能源和经济安全

冷战结束以后,中亚不仅成为一个开放的地缘政治单元,而且给国际社会提供了一个全新的市场。该地区基础设施薄弱、经济发展水平低,具有巨大的经济潜力和广阔的市场。这一市场对近年来经济高速发展的印度来说非常重要。从已有的统计数据来看,印度在与中亚地区国家之间的贸易当中具有明显优势,基本全部处于贸易顺差:印度与土库曼斯坦贸易顺差连续上升,到 2015 年顺差达 7900 万美元,与塔吉克斯坦从 2011 年开始一直处于贸易顺差,最高在 2013 年达到 5300 万美元,此后逐年下降,到 2017 年贸易差几乎为零。与乌兹别克自 2009 年起长期处于顺差,顺差额度从 2009 年的 7800 万美元增长到 2016 年的 1.4 亿美元。与哈萨克斯坦货物商品贸易 2013 年以后处于贸易逆差,年平均逆差值为 3.5 亿美元。印度与吉尔吉斯斯坦贸易顺差年平均约为 2000 万美元。[①] 印度在中亚巨大的经济利益要求印度必须保证与中亚之间贸易通道的顺畅。然而,在 2001—2002 年的印巴危机中,巴基斯坦关闭了其境内印度与中亚贸易的空中通道,使印度与中亚的贸易受制于印巴关系和巴基斯坦的政策,为印度与中亚地区之间的贸易增加了很大的风险性。基于此,印度必须开辟新的、不受制于巴基斯坦的与中亚之间的贸易通道,以保证其在中亚地区的经济利益。

---

① 数据来源:http://www.mea.gov.in/。

除了经济利益之外,能源安全也是印度实施中亚战略重要的利益考量之一。印度是一个能源消费大国,但自身能源储备却严重不足,必须依赖进口。在印度的能源供给国中,伊朗是主要国家。2016年,作为世界第三大石油进口国的印度平均每天从伊朗进口石油47.3万桶;而在2015年,印度平均每天从伊朗进口石油仅20.8万桶。从2016年初至年底,印度从伊朗的石油进口数量翻了近2倍,为每天54.66万桶。在2016年印度每天进口的石油量为430万桶,同比上涨7.4%。尽管印度从伊朗大量进口石油,但是受伊朗核问题和伊朗国内政局的影响,印度需要开辟新的能源供应区,而中亚地区丰富的油气资源与印度的需求正好形成互补,打通与中亚之间的能源运输通道,成为印度迫切的利益需求。

无论是从经济利益考虑,还是从保障能源运输安全的角度考虑,印度都需要建设一条绕过巴基斯坦的战略通道——南北通道。南北通道的建设将不仅能保证能源运输安全和在中亚的经济利益,而且将加强印度与中亚、俄罗斯、欧洲之间的联系,帮助印度走出南亚,成为世界性大国。

总而言之,对中国来说,中亚地区不仅是一般意义上的地缘战略中心,而且也是"一带一路"倡议的重点和核心区域。认真审视中亚地区的大国力量对比态势,对"一带一路"倡议的顺利实施是非常有必要的。就印度而言,作为中亚地区的周边大国,其势力进入中亚地区是必然的,因此对于印度进入中亚,我们应该秉持开放包容、甚至欢迎的态度。在印度推行的中亚战略中有很多方面,诸如打击恐怖主义、基础设施和能源运输管道建设、平衡大国势力等,中印两国在该地区具有广泛的共同利益和合作前景。具体来看,中国至少可以在以下几个方面与印度在中亚地区开展合作:第一,与印度进行反恐合作,在上合组织框架内形成中印次区域合作治理机制，共同维护中亚以及南亚地区的稳定；第二，借助印度与中亚之间悠久的文化联系，与"一带一路"倡议所推动的民心相通对接，打造中国—中亚—印度之间的文化走廊，以抵抗伊斯兰极端主义，增进文化沟通与交流，加强民众之间的情感交流；第三，推动"一带一路"基础设施建设与印度"南北走廊"项目对接，在中亚地区形成能源和交通运输网络，解决中亚地区的能源运输问题。

中国、印度、中亚互为重要的邻居，中国与印度在中亚地区如果能实现深层次的合作，所获得的收益一定远远超乎想象。

2012年以来俄罗斯强化地缘战略布局的实践

——以中亚地区为例

宋亚飞[*]

【摘　要】　2012年5月普京开启第三个总统任期以来，随着俄罗斯的综合国力不断提升，加之周边地缘政治环境发生重大变化，俄罗斯力图以此为契机，恢复其大国影响力，重塑有利于俄罗斯的地缘战略格局。在此基础上，俄罗斯提出一系列雄心勃勃的区域战略规划并付诸实践。中亚作为俄罗斯的传统势力范围和关乎国家安全利益的后院，也是俄罗斯欧亚地缘战略布局的核心之所在。因此，巩固和加强在中亚地区的传统影响力，对俄罗斯来说意义重大，不容有失。

【关键词】　俄罗斯；中亚；大欧亚伙伴关系；"一带一路"

2013年11月爆发的乌克兰危机至今仍未结束。这场突如其来的"颜色革命"不仅导致俄美、俄欧关系降至冷战结束以来的冰点，也使俄罗斯的周边地缘环境发生了重大变化。为了巩固在后苏联空间

---

[*]　宋亚飞，青岛大学政治与公共管理学院2017级国际关系专业，研究方向为当代国际关系。

的向心力，俄罗斯一方面并未完全放弃修复俄乌关系，并且为此采取了一系列措施，另一方面通过强化与中亚盟国的战略合作关系，以缓解来自西部战略方向的压力。

一、俄罗斯强化中亚地缘格局主导权的背景

（一）国内背景

苏联解体后的第一个十年里，俄罗斯综合国力一落千丈，国际地位也大不如前。长期的经济衰退和政局动荡导致俄罗斯无法维持其在后苏联空间的向心力，更无力阻止波罗的海三国及大批中东欧国家加入北约。与此同时，作为中亚以及世界最大内陆国的哈萨克斯坦，却在开国总统纳扎尔巴耶夫的领导下实现了经济腾飞，人民生活水平大幅提高。此外，纳扎尔巴耶夫还提出欧亚一体化的早期构想，使得哈萨克斯坦的区域影响力与日俱增，这在一定程度上给俄罗斯在中亚的主导地位带来了压力。作为一个民族荣誉感和自尊心极其强烈的大国，俄罗斯对此不会无动于衷，甘心屈居人后。

自 2000 年以来，俄罗斯在普京治下实现了稳定和发展，国家实力增强。① 尽管 2008 年国际金融危机和国际油价暴跌的双重打击导致 2009 年俄罗斯 GDP 大幅萎缩 7.9%，但是由于俄罗斯政府及时出台并实施了一系列反危机措施，加之国际油价逐渐回升，自 2010 年

---

① 左凤荣："欧亚联盟：普京地缘政治谋划的核心"，《当代世界》2015 年第 4 期，第 28 页。

起，俄罗斯经济恢复增长势头，2013年GDP突破2万亿美元，人均GDP也达到世界银行设定的高收入国家标准。总之，经济的快速发展是俄罗斯调整对外战略、强化在中亚地区传统影响力的前提条件。

（二）国际背景

2001年的"9·11"恐怖袭击事件拉开了美国长达十年反恐战争的序幕，也促使美国将全球战略的重心转移至中东地区。在此过程中，紧邻中东、恐怖势力猖獗的中亚地区也成为美国布局的重要区域。俄罗斯同样作为恐怖组织肆虐的受害者，总统普京不仅第一时间向美国政府和人民表示慰问和声援，甚至顶住国内舆论的压力，向美军开放了俄罗斯在中亚的军事基地，以实际行动支持美国的反恐行动。尽管美国加强同中亚国家的防务合作有损俄罗斯的战略利益，但当时的俄罗斯处于休养生息的复苏阶段，还无法有效制衡美国在中亚的战略扩张。

2009年奥巴马上台执政后提出"重返亚太"，将美国的全球战略重心从中东转移至亚太。2011年，美军在巴基斯坦击毙"基地"组织头目本·拉登，标志着美国的反恐战争取得重大阶段性胜利。2014年奥巴马政府正式宣布阿富汗战争结束，美军开始撤出阿富汗。同年3月，美军撤离并关闭了位于吉尔吉斯斯坦的玛纳斯空军基地。至此，吉尔吉斯斯坦境内的外国驻军又回归到俄罗斯一家独大的局面。总之，美国在中东和中亚的战略收缩，对俄罗斯来说是难得的战略契机，有利于俄罗斯抢占中亚地区大国博弈的主动权。

除了美国转移全球战略重心外，乌克兰危机引发的地缘政治剧变也使得中亚在俄罗斯对外战略中所占的分量越来越重。2014年2

月发生政权变更革命的乌克兰危机成为俄美矛盾的一个高潮。[①] 虽然西方国家的经济制裁、政治孤立、军事威慑"三板斧"并未使俄罗斯屈服,但也给俄罗斯带来了巨大的压力,尤其是北约又趁机吸纳了新成员,并极力扶持乌克兰、格鲁吉亚等国对抗俄罗斯。随着乌克兰迅速向北约靠拢,目前在后苏联空间里,白俄罗斯和中亚成为俄罗斯抵御北约东扩最重要的一座堡垒。因此,俄罗斯必须牢牢掌控中亚的地缘政治版图,不容有失。

(三) 地区背景

美国耗时十年之久的反恐战争非但没有根除恐怖主义,反而导致中东和中亚的安全形势日趋恶化。2011年12月,奥巴马正式宣布伊拉克战争结束,随后美军陆续撤离伊拉克。当时的伊拉克政府军战斗力较弱,因此在美军撤出后留下了大片的安全真空地带,导致极端组织"伊斯兰国"借机做大。相比塔利班和"基地"组织的散兵游勇,"伊斯兰国"武装分子训练有素、战斗力强。在短短一年多的时间里,"伊斯兰国"就攻占了伊拉克和叙利亚的大片领土,成为名副其实的准国家组织。

作为恐怖袭击的易发多发地区,中亚也时刻面临被"伊斯兰国"占领的威胁,而且"伊斯兰国"宣称的疆域就包括整个中亚地区。俄罗斯南部地区与中亚国家接壤,而且"伊斯兰国"招募的外国武装分子中,有一大批来自俄罗斯车臣共和国和中亚国家。据相关研究机构评估,来自俄罗斯和中亚地区的外国恐怖主义战斗人员增长

---

① [俄] 安德烈.P.齐甘科夫,关贵海、戴惟静译:《俄罗斯与西方:从亚历山大一世到普京》,上海人民出版社2017年版,中文版前言,第7页。

迅速，从 2014 年 6 月到 2015 年 12 月，赴叙利亚和伊拉克的人数增长了近 300%，这些人员的转移和回流，对俄罗斯和中亚地区的安全与稳定造成严重威胁，需要予以密切关注。① 大多数中亚国家的内部经济、政治、社会矛盾尖锐，加之自身安保能力不足，难以有效抵御大规模的恐怖袭击，因此必须借助与俄罗斯的合作才能应对严峻的反恐形势。而俄罗斯为了御敌于国门之外，避免出现第三次车臣战争，也需要充分利用自身在中亚的军事影响力，通过强化集体安全机制，构筑维护地区和平稳定的坚固防线。

二、俄罗斯强化与中亚国家经贸合作关系的实践

（一）俄罗斯强化与中亚国家经贸合作关系的背景

2014 年 3 月，俄罗斯将克里米亚并入版图后，美国、欧盟对俄罗斯实施了严厉的经济制裁。作为回应，俄罗斯采取了一系列反制裁措施，尤其是对来自欧盟国家的农产品实施进口禁令。尽管时至今日，欧盟仍然是俄罗斯的第一大贸易伙伴，甚至自 2016 年以来，俄美双边贸易额也大幅增长，但是为了缓解经济制裁带来的压力、开拓新的合作空间、弥补外贸损失，俄罗斯必须寻找突破口。中亚地区长期以来与俄罗斯保持着紧密的经贸联系，也是俄罗斯各类商品的主要出口市场。因此，俄罗斯加强与中亚国家的经贸合作关系，

---

① 李捷、雍通：《外国恐怖主义战斗人员转移与回流对中亚和俄罗斯的威胁》，《国际安全研究》2018 年第 1 期，第 108 页。

不仅有利于各自的经济民生,也能推动欧亚经济一体化进程。

(二)俄罗斯强化与中亚国家经贸合作关系的多边平台:欧亚经济联盟

2014年以来,俄罗斯与中亚国家加强经贸合作的多边平台就是欧亚经济联盟。欧亚经济联盟是由俄罗斯、白俄罗斯、哈萨克斯坦组建的"统一经济空间"发展而来的,这三国也是欧亚经济联盟的创始成员国。2014年5月29日,俄、白、哈三国总统在哈萨克斯坦首都努尔苏丹签署《欧亚经济联盟条约》。2015年1月1日,条约正式生效,标志着欧亚经济联盟正式成立。同年8月,吉尔吉斯斯坦加入,成为第二个中亚地区的成员国。根据《欧亚经济联盟条约》,到2025年在欧亚经济联盟内部将实现商品、服务、资金和劳动力的自由流动,终极目标是建立类似于欧盟的经济联盟。[①]

历经四年多的发展,欧亚经济联盟在完善法律制度以及促进地区贸易便利化方面取得一定的进展。俄罗斯是现有成员国中GDP总量最多的国家,尤其是其外贸总额占欧亚经济联盟对外贸易额的80%以上,成员国实力对比悬殊,导致欧亚经济联盟的发展趋势完全取决于俄罗斯一国的经济走势。比如,2015年和2016年,俄罗斯GDP和外贸总额的双降也导致欧亚经济联盟的相应指标下滑;2017年和2018年,俄罗斯GDP和外贸总额双双回暖也带动欧亚经济联盟相应指标的增长。这种畸形发展的弊端亟待解决。此外,到目前为止,中亚五国中只有哈萨克斯坦和吉尔吉斯斯坦是欧亚经济联盟成

[①] 徐洪峰:"欧亚经济联盟建立的背景及未来发展",《俄罗斯学刊》2016年第3期,第27页。

员国，仍有三国尚未加入。因此，俄罗斯要想进一步提升欧亚地区的经济一体化水平，还必须扩大中亚地区成员国的数量。

（三）俄罗斯强化与中亚国家的双边经贸合作关系

相较于欧亚经济联盟框架内的局部合作，俄罗斯与中亚国家的双边贸易和人员往来更能体现俄罗斯对该地区的影响力和吸引力。总体来看，除土库曼斯坦外，其余四国与俄罗斯的经贸联系都非常密切，而且不乏亮点、各有千秋。

1. 哈萨克斯坦是俄罗斯与中亚国家开展经贸合作的典范

作为中亚第一大经济体以及欧亚一体化的发起国之一，哈萨克斯坦与俄罗斯的经贸合作关系最为紧密。俄罗斯长年保持哈萨克斯坦第一大贸易伙伴国地位，哈萨克斯坦也是俄罗斯在中亚的第一大贸易伙伴。2015年和2016年，由于国际大宗商品价格大幅下跌，以能源进出口为主的俄哈双边贸易额下降，但即便如此，2015—2018年，俄罗斯仍然是哈萨克斯坦的第一大贸易伙伴国。[①] 地区间合作论坛是俄哈双方提升经贸互补水平的重要平台，从2003年创办至今已举办了15届，每一届论坛都推动双边关系迈上了新台阶。论坛期间，两国都会签署一系列领域广泛、内容丰富、价值可观的合作协议。

2019年4月，哈萨克斯坦新任总统托卡耶夫访问俄罗斯。在与

[①] 以下数据均来自于中华人民共和国驻哈萨克斯坦共和国大使馆经济商务参赞处官网：2015年俄哈贸易额145.76亿美元，占哈萨克斯坦外贸总额的19.2%。2016年数据不详。2017年俄哈双边贸易额达到170亿美元，占哈萨克斯坦外贸总额的20.6%。2018年俄哈双边贸易额为176亿美元，增长9.8%，占哈萨克斯坦外贸总额的18.8%。

普京总统举行的会谈中，托卡耶夫高度评价了俄哈两国的经贸合作成果。他指出，俄罗斯仍是哈萨克斯坦头号贸易伙伴，在哈萨克斯坦对外贸易中所占比重达到19%，目前哈萨克斯坦境内共有9000家俄资企业，占外资企业总数的1/3。托卡耶夫总统延续了其前任纳扎尔巴耶夫的对俄友好政策，因此在可预见的未来，俄哈双边经贸合作将在现有基础上取得更加丰硕的成果。

2. 俄罗斯与其他中亚国家强化双边经贸合作的独特优势

从贸易规模的角度看，尽管相较于俄哈两国，俄罗斯与吉尔吉斯斯坦、乌兹别克斯坦、塔吉克斯坦的双边合作水平都有待提高，但是这并不代表俄罗斯与上述三国的经贸和人员往来没有可圈可点之处。在外出务工、侨汇收入、移民入籍这三方面，俄罗斯对中亚国家的影响力和吸引力非其他域外大国可比。比如，吉尔吉斯斯坦目前有70万人在外务工，其中45万人在俄罗斯；2018年1—9月，乌兹别克斯坦赴俄劳务移民多达157.4万人，位居各国赴俄劳务移民人数之首；塔吉克斯坦紧随其后，赴俄劳务移民人数达到79万。2015年受俄罗斯经济衰退的影响，来自俄罗斯的中亚五国侨汇收入大幅减少。2016年由于俄罗斯宏观经济形势有所改善，中亚五国侨汇收入增长24.7%，达到69.8亿美元。2017—2018年，得益于俄罗斯经济实现两连增，中亚五国侨汇收入延续增长态势。其中，2018年吉尔吉斯斯坦的侨汇收入为26.85亿美元，其中有26.39亿美元来自俄罗斯。俄罗斯内务部的统计数据显示，2012—2017年，加入俄罗斯国籍的塔吉克斯坦、哈萨克斯坦和乌兹别克斯坦人数分别增长了2倍、1.8倍和0.7倍。

卡里莫夫执政时期，俄罗斯与乌兹别克斯坦的关系相对冷淡，鲜有重大合作成果。2016年卡里莫夫病逝、米尔济约耶夫继任总统后，俄乌经贸合作逐渐升温。尤其是在2018年10月普京访问乌兹别克斯坦期间，两国不仅在地区间合作论坛上签署了超过800份、总额高达270亿美元的协议，还启动了中亚首座核电站的开工仪式，项目总额高达110亿美元，计划2020年开始施工、2030年前建成，其发电量将占乌兹别克斯坦发电总量的1/5。核电是俄罗斯为数不多的清洁能源出口项目，中亚又是俄罗斯的战略后院。然而长期以来，俄罗斯核电始终未能进入中亚市场。因此，乌兹别克斯坦的首座核电站对俄罗斯而言具有里程碑意义。它不仅标志着俄罗斯核电填补了对外合作的空白，也进一步强化了俄罗斯在中亚能源博弈格局中的优势地位。此外，俄乌在投资领域的合作也取得重要进展。乌兹别克斯坦国家统计委员会公布的数据显示，截至2019年3月1日，乌兹别克斯坦外企总数为8056家，同比增长41.1%。其中，俄罗斯企业1516家，新增49家，排名第一。[①]

三、俄罗斯强化与中亚国家政治与安全同盟关系的实践

（一）俄罗斯强化与中亚国家政治与安全同盟关系的背景

以俄为主的政治与安全同盟关系是俄罗斯中亚地缘战略的支柱。

---

① 数据来源：中华人民共和国驻乌兹别克斯坦共和国大使馆经济商务参赞处官方网站：http://uz.mofcom.gov.cn/article/jmxw/201903/20190302843846.shmtl。

鉴于俄罗斯经济实力相对有限，在中亚地区与中、美、日等域外经济大国的竞争中，俄罗斯的优势并不突出，这也导致当前中亚的地缘经济版图呈现出多强并存、各有千秋的局面。但是在政治与安全领域，俄罗斯的影响力远超其他大国。其原因在于，从地理位置和军事战略的角度看，中亚地区对俄罗斯而言具有生死攸关的重大意义。中亚是俄罗斯的战略缓冲区，南部和西部的邻国是其免于直接受到外部势力进攻的缓冲地带，失去这些周边国家，俄罗斯容易陷入"唇亡齿寒"的困境。① 由于俄罗斯西部邻国（除白俄罗斯外）都已加入北约或与之建立合作关系，其基本失去了缓冲地带。因此，俄罗斯唯有巩固与南部邻国，也就是中亚国家的战略同盟关系，才能保住与竞争对手进行长期博弈的筹码。

（二）俄罗斯强化与中亚国家政治与安全同盟关系的具体表现形式

1. 俄哈传统战略同盟关系是俄罗斯维系中亚地缘格局主导权的支柱

总体来看，俄罗斯与中亚国家构建的政治与安全同盟关系主要分为双边和多边两种。双边指的是俄哈、俄吉、俄塔三组关系，多边指的是独联体和集体安全条约组织。不过，无论是双边还是多边，都没有完全涵盖中亚五国：土库曼斯坦是永久中立国，且已退出独联体，只保留联系国身份；乌兹别克斯坦虽是独联体成员国，其境

---

① 李兴、耿捷："中俄关系中的中亚因素对'一带一盟'对接的影响"，《学术探索》2019年第1期，第27页。

内也有俄罗斯军事基地，但自 2005 年以来两国从未举行联合军演。另外，乌兹别克斯坦也已退出集体安全条约组织。

相比之下，俄哈战略同盟关系却从未动摇，始终保持稳步发展的态势。2013 年 11 月，俄罗斯总统普京与哈萨克斯坦首任总统纳扎尔巴耶夫在叶卡捷琳堡签署《21 世纪睦邻友好同盟条约》。值得一提的是，除了官方和民间层面，普京与纳扎尔巴耶夫的亲密友谊也是影响俄哈双边关系的重要因素。2015 年，俄罗斯国家电视台播出一档纪念普京执政 15 周年的纪录片，纳扎尔巴耶夫是唯一参与录制的外国领导人。2019 年 5 月 9 日，纳扎尔巴耶夫时隔 3 年再次作为唯一外宾出席了莫斯科红场纪念卫国战争胜利 74 周年阅兵式。2019 年 3 月 19 日，纳扎尔巴耶夫突然宣布辞去哈萨克斯坦总统职务，据双方事后公布的信息显示，纳扎尔巴耶夫在宣布辞职前，普京曾与其进行了电话会谈。尽管俄罗斯官方表示纳扎尔巴耶夫并未与普京协商辞职与接班人事宜，但是鉴于俄哈关系的特殊性，两国元首很有可能探讨了如何在"后纳扎尔巴耶夫时代"延续俄哈睦邻同盟关系的议题。

2019 年 3 月 20 日，托卡耶夫宣誓就任哈萨克斯坦新总统。尽管他是中亚地区首位精通汉语的国家元首，但这并不意味着中哈关系会在托卡耶夫时代迎来本质性的突破，更不意味着中哈关系会在托卡耶夫时代超越俄哈关系。主要原因有以下四点。

第一，尽管托卡耶夫精通汉语，但从其个人履历看，仍然是和苏联以及俄罗斯的外交系统存在十分密切的联系；第二，从托卡耶夫上台之后的一系列表态和行动看，对俄关系仍然是哈萨克斯坦外交政策的优先方向。首先，从表态看，2019 年 4 月 2 日，托卡耶夫在接受俄罗斯媒体采访时表示，与俄罗斯发展联盟关系是哈萨克斯坦优先发展方向中的特殊目标。① 其次，从行动看，托卡耶夫上任仅半个月就把俄罗斯作为首访国家，并且在2019年11月和2020年6月又先后两次访俄，足以证明俄哈关系的特殊性；第三，军事领域的合作是战略伙伴关系的最高层次，体现着国与国之间的互信程度。从这个角度看，俄哈关系仍然领先于中哈关系。

2. 地区反恐形势严峻推动俄罗斯强化与其他中亚国家的双边安全同盟关系

2003年10月，俄罗斯驻吉尔吉斯斯坦坎特空军基地正式启用，作为集体安全条约组织快速反应部队的航空部分，其主要任务是为集安组织的地面作业提供空中掩护。② 2019年3月28日，在俄罗斯总统普京访问吉尔吉斯斯坦期间，两国签署了关于俄罗斯同意提高驻吉尔吉斯斯坦军事基地租金的议定书。根据这份最新修订的协议，坎特空军基地每年的租赁费用将增加29.1万美元。由于美军已经撤出吉尔吉斯斯坦，再加上中亚地区反恐形势严峻，吉尔吉斯斯坦对俄罗斯的安全依赖度上升。因此，尽管俄军基地的租金有所上涨，但是俄罗斯强化与吉尔吉斯斯坦军事同盟关系带来的战略收益将远高于其财力投入。此外，基于上述原因，俄吉双方也开始商讨有关在吉尔吉斯斯坦建立第二处俄军基地的议题。

位于塔吉克斯坦的第201军事基地则是俄罗斯最大的海外军事基地，部队规模为7000人。2012年10月，俄塔双方签署了将基地

---

① 俄罗斯卫星通讯社：《托卡耶夫：与俄发展联盟关系是哈萨克斯坦优先发展方向特殊目标》，http://sputniknews.cn/politics/201904031028092096/，2019年4月3日，2020年8月12日登录。

② 此处表述来自俄罗斯卫星通讯社2018年12月10日的新闻报道《俄吉尔吉斯斯坦空军基地击退"恐怖袭击"》。

使用年限延长至 2042 年的协议。塔吉克斯坦的军事力量较弱,又是恐怖袭击的重灾区,加之历史上曾经爆发过政府与极端伊斯兰反对派武装之间的内战(后在俄罗斯等国的支援下才获得胜利),因此大批"伊斯兰国"恐怖分子从叙利亚和伊拉克转移至其他国家,尤其是最近两年阿富汗安全局势骤然恶化,对塔吉克斯坦构成较大威胁。

在此背景下,2019 年 2 月 5 日,俄罗斯外交部部长谢尔盖·拉夫罗夫在访问杜尚别期间表示,俄方不仅将帮助塔吉克斯坦提升其军队现代化水平,而且能够确保塔吉克斯坦和阿富汗边界安全。俄罗斯加强与塔吉克斯坦的安全合作不仅有助于巩固其在中亚的军事影响力,还能够有效防范极端恐怖组织向俄罗斯南部地区渗透。

3. 俄罗斯强化与中亚国家政治与安全同盟关系的多边平台:集体安全机制

1992 年,俄罗斯、哈萨克斯坦、白俄罗斯、亚美尼亚、塔吉克斯坦和吉尔吉斯斯坦编写《集体安全条约》,并在此基础上于 2002 年正式成立集体安全条约组织。该组织属于军事同盟,其安全防务重点就在中亚地区[1],是俄罗斯主导的地区性安全组织,成员国是俄罗斯外交朋友圈里的核心;但由于苏联解体后,俄罗斯军队规模和军费开支大幅萎缩,战斗力遭到严重削弱,加之疲于应对国内反恐战争,无暇他顾,因此在成立后的较长时间里,集安组织在维护地区稳定、调解成员国武装冲突、打击"三股势力"等方面的核心职能并未得到充分发挥。2009 年,集安组织成员国组建快速反应部队,并且从 2012 年起每年定期举行代号为"牢不可破的兄弟情"系列大

---

[1] 吴宏伟:"俄美欧中亚政策及其演变",《俄罗斯学刊》2017 年第 2 期,第 46 页。

规模联合战略演习，至此集体安全条约组织才真正成为一支作战实力、内部凝聚力和区域影响力皆不容小觑的重要力量。

  2013年以来，极端组织"伊斯兰国"在中东大肆扩张，在世界其他地区接连制造死伤惨重的恐怖袭击事件。这一方面对俄罗斯和中亚国家构成巨大的安全威胁，但另一方面也有助于集安组织进一步增强成员国之间的团结，同时完善和改进体制机制，提高联合演习以及反恐作战的效率。尤其是俄罗斯借此机会巩固和强化了其主导中亚地区安全格局的大国博弈优势。此外，苏联解体后，面对北约步步紧逼的东扩攻势和自身的军力下滑，俄罗斯采取的反击措施是在独联体内部打造联合防空体系，加强集体防御能力，以避免陷入孤军作战的被动局面。1995年2月，7个独联体成员国签署了关于建立联合防空体系的协议。阿塞拜疆和摩尔多瓦未参与其中。此后，独联体七国每年都会举行代号为"战斗友谊"的联合防空演习。值得一提的是，乌兹别克斯坦虽已退出集安组织，但仍是独联体联合防空体系的重要成员。由此可见，尽管这一体系是由俄罗斯牵头组建并主导运作的，设计的初衷主要是为了捍卫俄罗斯的安全利益，但是加入该体系也确实有助于提升中亚国家的安全感，尤其是能够有效抵御北约对中亚国家的战略威慑。

  除了独联体，近年来俄罗斯还致力于推动建立集安组织成员国的统一反导系统。具体到中亚地区，2019年2月，集安组织联合参谋部参谋长西多罗夫表示，根据双边协议，俄罗斯在与哈萨克斯坦的交界地区部署了统一导弹防御系统，目前正在开展在塔吉克斯坦和吉尔吉斯斯坦等中亚地区扩大区域导弹防御系统的工作。[1]然而，俄罗斯已

---

[1] 此处表述来自俄罗斯卫星通讯社2019年2月6日的新闻报道《集安组织：建立集安组织成员国统一反导系统的议题已列入议程》。

经与其他成员国就这一问题进行了多年磋商,至今仍未取得实质性进展。更重要的是,2014年克里米亚入俄,2015年俄罗斯又与南奥塞梯签署了经济和安全一体化协议,导致周边邻国担忧俄罗斯是以集体安全为名行扩张版图之实,难免有所疑虑。不过,中亚国家紧邻战乱不断的中东地区,极易被波及,加之自身也面临遭受西方军事大国入侵的风险,因此加入统一反导系统对于中亚国家而言利大于弊。

四、俄罗斯强化中亚影响力的地缘辐射效应

(一)美国介入是俄罗斯强化中亚影响力的关键外因

俄罗斯独立之初,经济面临崩溃,社会危机四伏,对中亚地区采取了"甩包袱"战略,从而给西方国家,尤其是美国的介入以可乘之机。[①] 这当中最让俄罗斯感到警惕的就是美国企图借助在阿富汗的反恐战争,将里海运输线用于军事目的,甚至在里海沿岸建立军事基地。2010年美国与哈萨克斯坦签署协议,允许美国通过哈萨克斯坦境内向驻阿美军运送物资。2018年5月,哈萨克斯坦总统纳扎尔巴耶夫又批准了一份议定书,允许向美国开放位于里海沿岸的阿克套与库里克两处港口,以便美国向阿富汗运送物资。尽管事后哈萨克斯坦政府否认允许美国在里海沿岸建立军事基地,但是对俄罗斯来说,唯有尽快采取行动确保里海非军事化,才能消除域外因素

---

① 刘长敏、李益斌:"权力转移理论视角下的中俄美中亚格局演变",《太平洋学报》2017年第12期,第24页。

带来的安全隐患。

（二）俄罗斯强化中亚影响力的地缘辐射效应：西南、正南、东南三大方向

2018年8月12日，里海沿岸五国（俄罗斯、哈萨克斯坦、伊朗、土库曼斯坦、阿塞拜疆）总统共同签署了具有里程碑意义的《里海法律地位公约》。其中最重要的一条规定是非区域国家的武装力量不得进入里海，这意味着从军事角度看，里海已成为俄罗斯的地缘势力范围。[①] 更重要的是，俄罗斯为确保对里海战略要道的控制权，不仅可以进一步加强在中亚地区的影响力，还能够以里海为中心，分别从西南、正南和东南三个方向重塑有利于俄罗斯的地缘政治版图，尤其是借此制衡特朗普政府的"印太战略"。

1. 西南方向

具体而言，里海的西南方向有格鲁吉亚、阿塞拜疆、亚美尼亚、土耳其、叙利亚等国。2008年8月爆发的"俄格战争"导致格鲁吉亚的两个自治共和国南奥塞梯和阿布哈兹脱离其而独立，并且处于俄罗斯的实际控制之下。阿布哈兹是位于黑海沿岸的重要港口，而2014年3月克里米亚入俄又使得俄罗斯黑海舰队得以重新获得出海口，此外，俄罗斯通过签署《里海法律地位公约》确立了在里海沿岸地区的军事主导地位。从地图上看不难发现，俄罗斯已经从东、西、南、北四个

---

① 俄罗斯里海区舰队是沿岸五国中最强大的海军力量。2015年10月7日，里海区舰队4艘"暴徒级"轻型护卫舰发射26枚"口径"巡航导弹，打击叙利亚境内极端组织目标，引发高度关注。

方向对格鲁吉亚形成合围之势，使其毫无反制之力，加之格鲁吉亚总统祖拉比什维利对于与美国加强军事合作持消极态度，因此在南部方向与北约博弈的过程中，俄罗斯暂时处于上风。此外，西南方面的亚美尼亚、阿塞拜疆在军事上都与俄罗斯保持着紧密合作关系。

土耳其虽是北约成员国，但自 2016 年 7 月爆发政变未遂以来，土美关系急转直下。特朗普上台后非但没有纠正前任总统的政策失误，缓和两国关系，反而继续打压土耳其，甚至对其实施经济制裁，促使埃尔多安迅速提升与俄罗斯的关系。在不到三年的时间里，俄土两国恢复了经贸和人员往来，实现了领导人频繁互访，特别是在军事技术合作领域取得重大突破。尽管美国一再反对并威胁停止向土耳其出售 F-35 战机，但是土耳其仍旧顶住压力，与俄罗斯签署了购买 S-400 "凯旋"防空导弹系统的协议并且已经完成交付。俄罗斯此举无疑是在北约内部制造裂痕，增加博弈筹码，更重要的是有助于减轻其在东地中海和黑海面临的安全压力。

通过历时两年的反恐作战行动，俄罗斯捍卫了在叙利亚的战略利益，特别是借此延长了赫梅米姆空天军基地和塔尔图斯海军基地的使用期限，巩固了俄罗斯在东地中海的战略支点。近年来，俄罗斯加强了与埃及和苏丹的军事合作关系，特别是如果俄罗斯今后在红海沿岸建立了海军基地，与塔尔图斯港连成一线，打通了南下印度洋的战略通道，其就能够彻底突破北约在地中海和黑海方向的包围圈，开辟遏制北约扩张的第二战场。

2. 正南方向

里海的正南方向是伊朗。2015 年 7 月签署的《伊核协议》原本为美伊关系的改善带来了一丝曙光，然而 2018 年 5 月 8 日特朗普宣布美国退出《伊核协议》、重启对伊制裁以及将伊朗伊斯兰革命卫队列入恐怖组织名单,导致双边关系再度恶化,甚至处于战争临界点。作为伊朗的重要战略伙伴,俄罗斯在关键时刻施以"援手",不仅加强了两国经贸合作,还将与伊朗举行海军联合演习。尽管美伊双方都不希望发生战争,但是由于前景仍然存在变数,尚不能排除爆发正面冲突的可能性。因此,未来一段时期内该地区的局势会继续朝着有利于俄罗斯的方向发展。

3. 东南方向

里海的东南方向有阿富汗、巴基斯坦和印度。近年来,随着阿富汗安全形势日趋恶化,俄阿两国在军事技术和反恐方面的合作不断加强。除此之外,俄罗斯也在推动阿富汗政府与塔利班的对话和解进程中发挥了重要作用;出于各自国家战略利益的考量,俄罗斯与巴基斯坦在能源、军售领域的合作逐渐升温。2016年以来,两国军队每年会定期举行反恐联合演习。

俄印关系是苏印关系的延续,早在苏联时期,两国就在军事技术领域建立了接近于准同盟的战略伙伴关系。目前印度是俄制武器装备的第一大进口国,2018年两国签署了总额超过50亿美元的S-400防空导弹系统采购协议,刷新了俄罗斯有史以来单笔军售交易额纪录。此外,俄印政治互信水平较高,双方领导人近年来频繁互访,尤其是在印度加入上合组织的过程中,俄罗斯发挥了至关重要的作用。2018年5月印度总理莫迪访俄期间,将俄印关系表述为"特殊和享有特权的战略伙伴关系"。此外,俄印两国以能源合作为主的双边经贸关系也在不断提升。

2017年特朗普上台后,以"印太战略"取代了奥巴马执政时期的"亚太再平衡战略"。在此背景下,印度在美国全球战略布局中占据非常重要的地位,也是美国遏制俄罗斯区域影响力的突破口之一。如果特朗普政府能够按照强化美印关系的正确思路,有条不紊地推进"印太战略"由理论转化为务实成果,必将对俄罗斯造成巨大压力。然而时至今日,美印关系非但没有取得任何历史性突破,反而陷入困境。特朗普不仅对印度挥舞着贸易战大棒,取消了包括印度在内的7个伊朗石油进口国的制裁豁免权,还威胁对印度购买俄制武器装备实施制裁。这一系列举措不仅会激化美印矛盾,不利于"印太战略"的效益最大化,而且会迫使印度继续加强与俄罗斯的传统伙伴关系,最终反而会持续提升俄罗斯在印度洋地区的影响力。

五、强化中俄关系是俄罗斯维持中亚影响力的最佳选项

(一)经济总量有限是俄罗斯维持中亚影响力的短板

尽管自2012年以来,俄罗斯通过精明缜密的顶层战略设计,抓住有利时机,在经济总量下滑以及周边局势复杂严峻的情况下,迅速变被动为主动,不仅强化了在中亚地区的传统影响力,而且乘胜追击、扩大战果,逐步构建了有利于俄罗斯的地缘政治版图,充分体现了俄罗斯丰富的大国外交经验以及快速高效的决策执行力。但经济实力是国家综合实力的基础,也决定着外交战略和外交成果的可持续性,再高明的外交谋略,如果没有强大的经济实力作为支撑,也注定难以为继。

2016—2018年俄罗斯经济实现三连增，2018年的GDP增速甚至创下2012年以来的最高纪录。此外，经济结构优化也取得一定的成效，联邦政府财政收入以及出口创汇收入不再过度依赖油气资源。尽管如此，俄罗斯经济增长仍然没有完全摆脱对国际油价上涨的依赖，转型升级的潜力未能得到充分挖掘。2018年，普京提出俄罗斯经济增速必须超过世界经济年均3%的水平、到2024年俄罗斯要跻身世界前五大经济体行列。但是2017—2019年俄罗斯经济增速均低于3%，尤其是2019年受到增值税上调的负面影响，甚至略低于2017年。如果不进行一场彻底的经济模式改革，俄罗斯的上述目标恐无法实现。

由于自身经济实力相对有限，俄罗斯如果想要维持在中亚地区的经贸影响力，除了继续推动本国经济提质加速外，更重要的是提升与其他经济大国，尤其是同中国在中亚地区的合作水平。特别是在大规模改造中亚地区相对落后的交通基础设施方面，鉴于俄罗斯目前不具备进行对外巨额基建投资的能力，其技术储备也无法满足中亚国家的现代化需求，尤其在高铁建设领域，目前仍是一片空白。而中国恰恰是这一领域的全球佼佼者。因此，中国、俄罗斯、中亚国家在交通基建领域拥有广阔的合作空间，三方完全可以通过这种形式进一步提升区域贸易合作质量水平、促进人员往来，实现互利共赢，为构建命运共同体树立典范。

（二）中俄关系提质升级有助于俄罗斯强化在中亚地区的传统影响力

2013年9月，习近平主席正是在访问哈萨克斯坦期间提出建设"丝绸之路经济带"的倡议。由于哈萨克斯坦是俄罗斯在中亚地区的传统盟友，加之历史上的丝绸之路与俄罗斯在中亚的势力范围大致重叠。因此在最初的一年时间里，俄罗斯官方态度消极，俄罗斯媒体和学者更是对此抱有警惕和防范之心。直到2014年俄罗斯遭受西方国家的经济制裁，加之本国经济衰退，为了寻求突破，其才开始改变对"一带一路"倡议的看法。2015年俄罗斯宣布加入亚投行，中俄元首在莫斯科签署"一带一路"倡议和欧亚经济联盟对接合作的联合声明。2016年，俄罗斯总统普京提出建立有欧亚经济联盟、印度、中国、独联体各国和其他国家与地区组织参加的连接亚洲和欧洲的"大欧亚伙伴关系。"①

2017年，普京总统来华出席首届"一带一路"国际合作高峰论坛，其间中、俄、哈等7国共同签署《关于深化中欧班列合作协议》。两年来，在沿线各国的共同努力下，协议得到有效落实，各方都从中获得实实在在的经济收益。2018年6月，中国—上海合作组织地方经贸合作示范区落户山东青岛，标志着上合组织成员国向着补齐经贸合作短板的目标迈出了坚实一步。在中美贸易摩擦升级的背景下，2018年中俄双边贸易额首次突破1000亿美元，创历史新高。

2019年4月，俄罗斯总统普京作为主宾再次来华出席"一带一路"国际合作高峰论坛。在中俄两国元首举行会谈的过程中，习近平主席指出，俄罗斯是共建"一带一路"倡议重要的合作伙伴，共建"一带一路"倡议同欧亚经济联盟对接是区域经济合作的典范。普京总统更是在讲话中高度评价了"一带一路"倡议的重要意义。他指出，习近平主席提出的"一带一路"倡议为拓展国际合作搭建了重要平台，树立了成功范例，得到国际社会越来越广泛的支持。②

---

① 李勇慧："大欧亚伙伴关系框架下俄罗斯与东盟关系：寻求区域一体化合作"，《俄罗斯学刊》2017年第2期，第38页。
② 上述中俄领导人讲话内容均引用自中国新闻网2019年4月26日的新闻报道《习近平同俄罗斯总统普京举行会谈》。

普京的讲话进一步表明，目前俄罗斯参与共建"一带一路"倡议已经不仅是为了应对西方国家经济制裁而采取的权宜之计，而是真正地从推动区域经济一体化、构建大欧亚伙伴关系的长远战略角度出发，积极融入其中。事实证明，"一带一盟"的战略对接非但不会削弱俄罗斯在中亚地区的存在感，反而会通过加深经贸联系、促进互惠互利进一步增强俄罗斯与中亚国家的凝聚力，进而不断提升俄罗斯在中亚地区的传统影响力。

论"中国—中亚"丝路新媒体的构建

李广旭[*]

【摘　要】　新媒体正日益成长为国际关系中掌控舆论话语权的一个重要领域,它的迅速发展为"一带一路"倡议的推广增添了助力。构建"中国—中亚"丝路新媒体在政治、经济、文化、安全等方面具有重要的意义与价值。尽管"中国—中亚"丝路新媒体的构建目前仍处于起步阶段,微信公众号等国内外的新媒体推动了地区间的交流,为民众提供资讯,构成一个丝绸之路的新媒体矩阵雏形。但是目前"中国—中亚"丝路新媒体的构建面临着中外新媒体使用差异、数量和质量上的不足、中亚各国发展不均衡、新媒体整体受关注度不高、内容粗糙化、缺乏资金持续支持以及自媒体经营难度大等现实问题。作为大国的中国,需要更积极参与到丝路新媒体在中亚地区的建设中来,采取必要的实践对策,推动新媒体外交的发展,以实现民心相通。

【关键词】　中亚;"一带一路";新媒体

骞所遣使通大夏之属者皆颇与其人俱来,于是西北国始通

---

[*] 李广旭,博士,温州大学人文学院讲师,研究方向为中国现当代文学。

于汉矣。然张骞凿空,其后使往者皆称博望侯,以为质于外国,外国由此信之。

——司马迁《史记·大宛列传》

"凿空"是史学家司马迁对张骞历史功绩的高度评价,可谓一语中的。这是中国历史上第一次以一个"国家的形式"① 与中亚诸国建立外交关系,两度出使西域的张骞为世界打开了古中亚的地图,将大宛、大月氏、大夏、康居、乌孙、奄蔡、扜罙、于寘、楼兰和姑师等古中亚诸国着墨于历史,为今天众多高地亚洲及突厥语国家的学者提供了珍贵的史料文献。更重要的是,张骞打通了东方与西方的阻隔,铺就了绵延流长的丝绸之路,为欧亚大陆的融合奠定了基础,也让中国与西域各国展开对话,并以此建立起悠久的情谊。

2013年9月7日,中国国家主席习近平在张骞曾踏过的土地——哈萨克斯坦提出共同建设"丝绸之路经济带"的倡议。尽管时光荏苒,但昨日重现,横跨千年的丝绸之路再次焕发生机,中华民族及西域各族的后人们传承先人的衣钵,自此揭开了"一带一路"倡议的序幕,为世界打开了一个蔚为大观的合作共赢新格局,也为构建人类命运共同体做出贡献。当以回溯的方式将历史与今天结合在一起时,我们能够看到,"中国—中亚"丝路新媒体也是当今时代的一次"凿空"。

---

① 注:中国古代没有现代西方的国家观念,只有天下观念,认为"普天之下莫非王土"。严格上讲,汉王朝与西域的交往不是现代意义上国与国之间的交往,所以汉朝只是以一种类似"国家的形式"进行外事活动的。

一、构建"中国—中亚"丝路新媒体的内涵

"一带一路"倡议自提出后,迄今已经取得丰硕的成果,但想要进一步接近"一带一路"倡议的最终愿景,沿线各国加强"五通"①是关键。而在"五通"中,民心相通是基础,所谓"国之交在于民相亲",民心相通意味着各国人民需达成"了解之同情"②,而想要"同情",必先"了解"。"了解"需要辅以大量的信息。随着媒介的不断发展,各国家及地区间的交流日渐紧密,各种资讯能够迅速在国际间相互传递,结成庞大的全球交流网络。因此,构建一个良性运转的丝路新媒体体系显得尤为必要。那么,构建"中国—中亚"丝路新媒体具有怎样的内涵呢?对于该问题的回应,须联系中国的实际,并先从两个关键问题着手,即为什么是中亚?为什么是新媒体?

(一)为什么是中亚

1. 从地缘上看,中亚是中国的近邻

中亚五国中,哈、吉、塔三国与中国接壤,有长达3300公里的边界线。乌、土两国虽无国土接壤,但也算近邻。中国一直秉承

---

① 注:五通即政策沟通、道路联通、贸易畅通、货币流通和民心相通。
② 注:"了解之同情"出自陈寅恪的《冯友兰中国哲学史上册审查报告》,"凡著中国古代哲学史者,其对于古人之学说,应具瞭解之同情,方可下笔";后演化为"了解之同情",意为只有了解,才能在情感上达成一致。

"睦邻友好"的外交方针，2003年10月7日，时任中国总理温家宝在东盟商业与投资峰会上在这一方针的基础上做了进一步的深化，提出"睦邻、安邻、富邻"[①]。在这一背景下，中国需要以身作则、言出必行，与中亚建立并保持友好的邻里关系，绝不能以邻为壑。

2. 民族与安全问题

作为邻居，中国和中亚地区的安全与稳定是彼此的头等大事，即关切双方国家的长治久安与人民的幸福安康。上海合作组织的前身"上海五国"建立的初衷之一便是解决地区的安全与稳定问题。[②]从内部看，中亚地区自古以来民族组成复杂，呈现多民族共存的局面，并且在民族关系上与中国西部少数民族一衣带水；从外部看，中亚地区是中国西北部安全的一道重要屏障，甚至是第一道战略防线。当前，极端主义、恐怖主义、分裂主义一直是这一地区的重要隐患，随着恐怖活动向全球渗透蔓延，跨国合作成为对抗三大恶势力的必由之路。因此，加强与中亚地区的联系是非常必要的，且更具现实意义的，不仅有助于推动彼此间的信任，防范"中国威胁论"等虚假谎言的渗透与流传，还能保障国泰民安。

3. 从陌生到熟悉的过渡

中国对中亚的了解与认知显然是有待加强的，对于中亚，国人往往只留有诸如"与中国西北部地区文化相似"的粗浅印象。了解是一个不断累积的过程，中国与中亚在历史、文化上的关联古已有

---

① 温家宝：《中国的发展与亚洲的振兴——在东盟商业与投资峰会上的演讲》，2003年10月7日，http://www.people.com.cn/GB/shizheng/1024/2121579.html
② 朱成虎主编：《十字路口：中亚走向何方》，时事出版社2007年版，第355页。

之，从陌生到熟悉的过程有助于开拓相关的学术领域及政治经济上的合作。中亚各国虽然总体上文化相近，但内部仍存在差异性，政治经济发展是不均衡的，不能一概而论。双方需要建立一个双向的信息沟通渠道，不仅专业人士应对彼此熟悉，而且普通百姓也应对彼此熟悉起来，这有利于双方放下隔阂，成为真正的朋友。

4. 中亚是"一带一路"倡议的重要开端

作为"丝绸之路经济带"上的第一站，中亚地区运作的好坏直接关乎"一带一路"倡议的发展前景。所谓"好的开始便是成功的一半"，如果第一站就出现问题，那么对沿线其他各国而言，后果更不堪设想。以中亚地区为中心建设健康稳定的交流体系，能够为沿线诸国做出表率。

5. 中亚是大国博弈中的动态因素

自独立以来，中亚地区长期处于大国博弈的夹角。起先是受制于俄罗斯，而"9·11"事件后，为打击阿富汗境内的"基地"组织，美国也派驻军介入这个原本不被其重视的地区，有学者认为"9·11"给予了中亚第二次机会，让中亚能够直接与俄、美、中三国产生切实的互动，但主要体现在政治和军事方面。[①] 而"一带一路"倡议可以视作是中亚的第三次机会，使中亚在经济文化上有了新的选择和可能。这些都凸显了中亚地区在世界格局上的战略地位，其成为中、美、俄三国博弈的前线之一，也成为平衡三大国利益的动态因素。除此之外，土耳其、印度、阿拉伯地区等也是中亚博弈

---

① [美] 玛莎·布瑞尔·奥卡特，李维建译：《中亚的第二次机会》，时事出版社2007年版，第2—6页。

的参与者，不容忽视。

6. 建立"文化共存，和而不同"的世界秩序典范

美国学者塞缪尔·亨廷顿（Samuel Huntington）认为，在当今这个时代，"文明的冲突取代了超级大国的竞争"，① 不同文明在彼此之间的断层线上将发生无休止、难和解的冲突。依据他的划分，中国与中亚刚好分属中华文明与伊斯兰文明。但相比西方（基督教）与伊斯兰教、西方与中华文明的冲突，这两大文明之间的冲突程度相对较轻，甚至由于西方的缘故，中华文明与伊斯兰教文明在很多方面是"站在一条国际战线"上的。② 形成这一局面的原因较为复杂，其中很重要的一点是，中华文明与伊斯兰文明在相处的过程中，并不是以彻底消灭对方或取代对方为前提的。中国本身是一个多民族国家，有不少民族信仰伊斯兰教，中国政府始终采取开放、包容的民族政策，目标是建立一个如费孝通先生所言的"各美其美，美人之美，美美与共，天下大同"③ 的多元文化与多元民族共存的社会形态。这在一定程度上证明，在特定的区域内不同文明之间是具有共存的可能性的。正如德国学者哈拉尔德·米勒（Harald Meller）在对亨廷顿的批判中所指出的那样，21世纪不应如20世纪那样充满了血腥的战争与暴力的冲突，各文明的核心国家及其所在集团国家都应予以深刻的自我反思，断层线上进行的"不是文明的冲突，而

---

① [美]塞缪尔·亨廷顿，周琪等译：《文明的冲突与世界秩序的重建》，新华出版社1998年版，第7页。

② 注：出自亨廷顿绘制的《各文明组成的世界政治：正在出现的组合》图。[美]塞缪尔·亨廷顿，周琪等译：《文明的冲突与世界秩序的重建》，新华出版社1998年版，第267—274页。

③ 注：处理不同文化关系的十六字箴言出自费孝通在1990年12月《人的研究在中国——个人的经历》的主题演讲。

是文明的对话"。① 在这个意义上，中国（中华文明）与中亚（伊斯兰文明）之间的友好往来有利于为世界树立一个消融断层线的典范。

（二）为什么是新媒体

在阐述该问题之前，我们需要厘清新媒体的定义。新媒体有广义与狭义之别，广义的新媒体与旧媒体相对，指的是数字化的媒体，即利用数字和网络、以电脑和手机等媒体作为主要输出终端，向用户提供信息和服务的传播形式，与报刊、广播、电视等旧媒体相比较。② 狭义的新媒体是指具象化的媒体形式，包括各类搜索引擎、网站、社交软件等，即社交新媒体。本文所言的新媒体主要是在狭义的范畴内进行讨论，以微信（WeChat）与 Instagram（照片墙）为核心分析样本，兼及抖音（TikTok）、微博（MicroBlog）、Facebook（脸书）、Twitter（推特）等。随着信息技术的不断发展，新媒体蓬勃兴盛，在当前的国际交流方面，传统媒体由于自身的局限性，已经很难担负起全部的信息传播功用。具体来说：

1. 新媒体更快捷，具有即时性

传统媒体在信息的传播速度上存在一定的滞后性，新媒体在一定程度上可以不经筛选与过滤，或只需要粗加工，就能够第一时间发布。

---

① ［德］哈拉尔德·米勒，郦红、那滨译：《文明的共存——对塞缪尔·亨廷顿"文明冲突论"的批判》，新华出版社 2002 年版，第 297 页。
② 官承波：《新媒体概论》，中国广播影视出版社 2009 年版，第 4 页。

2. 新媒体具有广泛性，推动全球一体化

新媒体不仅强化了人与人之间的联系，也使得国与国之间的联系变得更加紧密。人们不仅能借助新媒体了解世界，也能借助新媒体让世界了解自己。在丝路沿线，代表各自国家的个人能够迅速利用新媒体建立关联，形成丝路共同体的点，由点及面，覆盖整条丝路。

3. 新媒体在形式上具有多样性

新媒体的吸纳与整合能力很强，文字、图片、视频等多种形式并存，近期流行的实时直播更是打破了信息传播上的"次元壁"。在此方面，新媒体拥有传统媒体所不可比拟的吸引力。

4. 信息内容的多元化

新媒体为各类信息的传播提供了更广阔的平台，政治、经济、文化、军事等信息都可以在新媒体上找到，这些信息不仅数量多，而且内容丰富，具有一定平民化与民间性的色彩。

5. 自媒体的兴起

在新媒体时代，自媒体的大量出现成为一个值得关注的现象。自媒体跳脱出传统官媒的窠臼，富有个性，参与者与接受者众多，呈现大众化的局面，流量网红等吸引着大众的眼球。如何妥善管理与引导自媒体成为时下的重要命题。

6. 新媒体用户的年龄结构相对较轻

众所周知，相较于传统媒体，年轻人更青睐于新媒体。他们通过新媒体获取资讯、进行社交等，新媒体已经成为当下青年人生活方式的重要部分。以微博为例，年龄在18—30岁的用户占总数的75%。[1] 无论是中国还是外国，青年群体对新媒体的使用率都更高，作为丝路交流的未来，重视新媒体在丝路上的作用也是重视各国青年人在丝路上的作用。

7. 新媒体已成为人的一部分

加拿大学者马歇尔·麦克卢汉（Marshall McLuhan）认为媒介是人的延伸，[2] 狭义的新媒体本身无法直接成为人的延伸，但与物质载体的结合，使得新媒体能够成长为当下人不能分割的一部分，现代人与新媒体的关系较过去更为紧密。有数据显示，新媒体用户在使用上略低于看电视的用户，但高于看报纸的用户。此外，"每天"使用"微博""微信"等新媒体平台的用户群体在频率上高达85%，这个频率要高于其他传统媒体。[3] 作为人的延伸，新媒体发挥着时下人们自我表达、相互交流的功能，从这个角度看，新媒体语境下"丝路之人"如何延伸更需要被重视。

---

[1] 新浪微博数据中心：《2018微博用户发展报告》，http://data.weibo.com/report/reportDetail? id=433。
[2] ［加］马歇尔·麦克卢汉，何道宽译：《理解媒介：论人的延伸》，商务印书馆2000年版，第20—21页。
[3] 广州社情民意调查中心："媒体使用情况相关调查：新媒体成重要渠道，传统媒体信任度仍高"，《中国记者》2016年第3期，第96—98页。

8. 当前的新媒体具有较多的不确定与不稳定因素

虽然新媒体近些年发展态势迅猛，但仍处于发展的初期，结合上面提到的一些问题不难发现，新媒体在用户、受众、平台、内容等多方面存在不确定与不稳定的因素。这些因素需要引起高度重视，引导正确的丝路世界观，开展有益的政治互动，加强内容监管，规避潜在的信息安全风险。

可以说，以加速度的方式发展的新媒体已经不再是传统媒体的补充，而具有与传统媒体等同的战略地位。庞大的新媒体用户群体具有影响力，有利于增强政治互动，能够成为政府与民众的纽带，也是现代民主社会的重要标志。[①] 新媒体背后隐藏着的资本逻辑与政治话语时刻在作用着它使其在一定程度上主导舆论，即所谓的"新媒体政治"。美国总统唐纳德·特朗普（Donald Trump）非议颇多的"推特治国"就体现了新媒体与政治的合谋，他借助新媒体来达成自己的政治诉求。但新媒体与国际外交的结合目前仍是一片蓝海，未来也许会发展成大国博弈的一个重要的舆论战场。尽管新媒体在政治、经济、文化上发挥的潜在效力有待进一步挖掘，但是至少"新媒体外交"需要被作为一种设想与可能摆上桌面。综上所述，在新媒体语境下讨论"一带一路"倡议中中国与中亚地区的"民心相通"建设是非常必要且契合实际需求的。

[①] 臧雷振：《变迁中的政治机会结构与政治参与——新媒体时代的中国图景》，中国社会科学出版社 2015 年版，第 124 页。

二、丝路新媒体的当下概况及问题

（一）作为研究样本的新媒体平台

如前文所述，本文选取的研究样本以新媒体平台中的社交媒体为主。"一带一路"倡议沿线国家的人文交流本质上可以看作一种社交，相比其他网络平台，社交新媒体在普及性、传播性、时效性、互动性等方面更适合探讨丝绸之路信息与文化交流体系的构建与发展，也更适合建设与引导丝路舆情。

1. 新媒体的创立及发展时间

1996年，即时通讯软件ICQ创建。1999年，腾讯OICQ诞生，后更名为QQ，一度成为中国最受欢迎的新媒体聊天工具。2003年10月18日，淘宝网首次推出支付宝服务。2004年支付宝从淘宝网分拆独立，并以公司的形式于同年12月8日正式成立。2014年10月，支付宝推出聊天功能，使其成为一种复合型的社交新媒体。2004年2月4日，Facebook成立，中国称之为脸书。人人网受Facebook启发，于2005年12月创建，2009年8月由校内网更名人人网。2006年3月21日，Twitter创立，以发布不超过140个字短文的特点而风靡，中国称之为推特。2009年8月，与Twitter相似的新浪微博上线，此外，还有腾讯微博、网易微博、搜狐微博等，但如无特殊说明，微博指的是新浪微博。2009年，跨平台应用程序WhatsApp

Messenger 应运而生，简称 WhatsApp。微信于 2011 年 1 月 21 日上线。2011 年 3 月，快手前身 GIF 快手上线，2013 年产品转型为短视频社区，更名为快手。2011 年 9 月，以"阅后即焚"闻名的 Snapchat 上线，中国称之为快照。2012 年 Facebook 收购 Instagram，并让这款软件焕发活力，中国称之为照片墙。抖音于 2016 年 9 月上线……根据新媒体各平台创立与发展的时间轴可以看出，新媒体是一个出现时间不长，但在规模、种类和功能上发展极为迅速的领域，这也是当前世界整体的共通现象。

2. 新媒体总体用户规模

上述新媒体在中国与外国市场的占有量上，具有显著的差异。微信、抖音、快手、微博是中国出品，其余为外国出品。由于网络限制等原因，中国用户更常接触的是本国出品的新媒体软件，其中微信已经渐渐取代了短信的地位，成为人们日常社交的主要软件。据微信、中国信通院及数字中国研究中心在 2019 年联合公布的《微信就业影响力报告》显示，截至 2018 年，微信的月度活跃用户数[1]已经达到 10.82 亿，[2] 是中国目前用户覆盖率最高的新媒体，远超过了微博同期的 4.62 亿[3]。微信公众号的出现让用户在资讯接收等方面有了更多的自主权和针对性，公众号文章也成为资讯传播的重要途径。尽管在 Instagram、Facebook、Twitter 等外国出品的新媒体软件

---

[1] 注：月度活跃用户人数，即 MAU, Monthly Active Users。下文日活跃用户人数即 DAU。

[2] 微信、中国信通院、数字中国研究中心《微信就业影响力报告》，https://www.jianshu.com/p/812d590c0620

[3] 新浪微博数据中心：《2018 微博用户发展报告》，http://data.weibo.com/report/reportDetail? id＝433。

同样上拥有可观的中国用户，但相比上述提到的微信、微博等，这个比例要小得多。对外国用户来说，情况则刚好相反。据有关资料反映，目前全世界注册用户量最高的新媒体平台分别是 WhatsApp 和 Facebook，二者虽然因政策之故没有占据中国市场，但却覆盖了全球 168 个国家和地区，月度活跃用户数分别达到 15 亿和 13 亿，① 在全球用户总数上均高于功能与之类似但主推华人市场的微信与人人网。作为后来者的 Instagram，其月度活跃用户数也突破了 10 亿大关。② Twitter 和新浪微博不仅在功能上相似，而且在注册用户数量上也相差不多。以 2018 年第四季度的数据统计为例，前者的日活跃用户人数为 1.26 亿，后者为 2 亿，介于它们之间的是 Snapchat，数值为 1.86 亿。③ 需要特别指出的一点是，随着越来越多的外国人来华留学与工作，微信等中国新媒体平台拥有了非常多的外国用户。由于许多用户在注册时会随意地填写所在地，如安道尔④等，微信等平台无法统计出确切的结果。此外，抖音作为一款短视频社交软件，也渐渐在世界各国盛行起来。简言之，中国与中亚地区都需要高度重视新媒体在当今这个社会信息化的时代所发挥的巨大作用。尽管中国与中亚地区在新媒体的使用倾向上有所差异，但是随着地区间交往的不断深入，信息市场在不断相互渗透，不同的新媒体发挥着各

---

① 微信用户量高达 10 亿，但在全球却排名第三位，https：//baijiahao.baidu.com/s?id＝1616921605475712870&wfr＝spider&for＝pc。

② 社交应用 instagram 月活跃用户数达 10 亿和微信相近 http：//baijiahao.baidu.com/s？id＝1603852648890931033&wfr＝spider&for＝pc。

③ 推特首次公布日活跃用户数据：1.26 亿，http：//tech.ifeng.com/a/20190209/45307175_0.shtml。

④ 注：微信上注册所在地是安道尔的用户数高达 2000 万，而实际上这个国家的总人口仅 8.5 万。主要原因在于安道尔因首字母缘故在微信所在地选项中居于第一的位置，如果用户不特意修改的话，系统会将安道尔列为默认地址。http：//dy.163.com/v2/article/detail/CR0S1ST005249SV9.html。

自优势，为"中国—中亚"丝路新媒体的构建与发展奠定了基础。

（二）中国新媒体样本个案分析——以微信为例

此外单独将微信挑出来作为具体的个案分析是因为：第一，微信已经成为与中国交往的外国人所必须使用的新媒体平台，随着中外交流的频繁，使用微信的外国用户群体在不断壮大。目前尚无具体的数值表明有多少外国用户群体在使用微信，但可以根据微博的数据予以参考，《2018微博用户发展报告》里显示港澳台及海外用户群体占微博总用户的3%，折合人数约0.1386亿。微信与微博相比，其现实应用性更强，总用户群体基数更大，所以微信的海外用户群体在人数上很大程度超过微博。第二，微信公众平台也称微信公众号，是微信的一个重要功能。各类的消息推送与品牌推广都可以通过微信公众号予以完成。2019年发布的《微信就业影响力报告》显示，微信公众号已经超过2000万个注册账号，内容涵盖方方面面。需要特别指出的是，中国与中亚地区借助微信公众号进行资讯传播成为两者通过新媒体交流的一个重要方式，也是丝路新媒体构建与传播的一个重要依托。总而言之，对中国来说，微信是体现中国与中亚地区关系最具代表性的新媒体平台。

据笔者不完全统计，① 截至2019年9月，以中亚这一整体为主，将"中亚"或"丝路"作为关键词的相关公众号有19个，分别是《丝路新观察》《丝路信息》《丝路遗产》《中亚研究》《中亚资讯》

---

① 注：下述信息均出自笔者对相关公众号内容的整理与统计。但仍有很多如KinoBox这样的外语微信公众号没有纳入其中，一些受关注度不高且内容零散或纯企业宣传的不做统计。

《中亚通讯》《中亚舆图》《中亚智库》《中亚视界》《中亚新视野》《中亚旅游专家》《中亚环球零距离》《中亚研究文献推介》《俄罗斯东欧中亚研究》《中亚及高加索发展报告》《上外俄罗斯东欧中亚学院》《兰州大学中亚研究所》《复旦俄罗斯中亚研究》《华东师大中亚研究中心》。

《丝路信息》公众号与《丝路遗产》公众号的内容不局限于中亚,而是扩大到"一带一路"沿线上的所有国家,针对性不强,暂不讨论。在专门针对中亚地区的公众号里,影响力最大的是《丝路新观察》,该公众号的依托单位是吉尔吉斯斯坦的《丝路新观察》报,由吉尔吉斯斯坦中亚丝路文化发展有限责任公司主办。报纸发行于2015年11月11日,为顺应"一带一路"倡议的提出与发展,中国对此提供了相当大的支持。这是该国唯一一份以吉尔吉斯文、俄文、中文三种文字共同出版的刊物,每期16—24个版面,其中俄文、吉文8—16个版面,中文8个版面。该报每个月还会推出一份中、俄两种语言的报刊型杂志,对上个月的内容进行回顾与深度调研,内容涉及吉中两国的政治、经济、文化等。作为周报,《丝路新观察》报每期的发行量达1.8万份。[①] 2016年4月,中、俄文的丝路新观察网站全部上线,如今已发展为最大的中吉关系新闻资讯网站。对于以移动终端为主的新媒体而言,《丝路新观察》公众号于2016年1月20日正式上线,并与中国新闻社新疆分社展开合作。这是海外传统媒体与中国新媒体的结合,也是中国与中亚地区在丝路新媒体上达成的最初构建。《丝路新观察》公众号服务于"一带一路"倡议沿线国家,主要面向中亚华人华裔、华侨华商、孔子学院和留学生、中资机构和企业、短期到中亚的中国人,以及包括吉尔

---

① 注:该数据的出处为丝路新观察公众号的页面介绍。

吉斯斯坦民众在内的广大中亚各国民众,方便相关人士及时了解丝路沿线国家的资讯。随着公众号运营得越来越好,其内容上的选择已经不再满足于吉国与中国之间资讯信息,而是将视野逐渐拓展到中亚与中国。2016年12月27日,公众号上第一次出现两国之外的第三国信息,即一则关于哈萨克斯坦的资讯。在这一阶段里,吉尔吉斯斯坦《丝路新观察》报开始与哈萨克斯坦的《今日丝路》报进行合作,后者由哈萨克斯坦丝绸之路文化经济交流国际科学院出版,在文字上涵盖了哈萨克文、俄文、中文及东干文,也是积极参与"一带一路"倡议的媒体单位。2017年1月27日,《丝路新观察》公众号推送《〈丝路新观察〉新春贺词:锐意进取助力中吉共同发展》。在这篇文章中,公众号正式提出扩大化的设想——陆续推出《吉尔吉斯斯坦新观察》公众号、《哈萨克斯坦新观察》公众号、《乌兹别克斯坦新观察》公众号、《塔吉克斯坦新观察》公众号、《土库曼斯坦新观察》公众号和《南高加索三国新观察》公众号。[①]具体国别的微信公众号的建立,标志着丝路新媒体的发展已进入一个崭新的历史阶段,中国与中亚的互通既有整体又有部分的发展趋向,新媒体体系里的中亚也不再是模糊的一块。在为中国与中亚国家间建立资讯交流的平台与桥梁这方面,《丝路新观察》公众号可谓功不可没。截至2019年5月,该平台仅在原创文章一项上就已经推送了741篇,还有数量巨大的转载文章等。《丝路新观察》公众号每天都会定时推送3—6篇订阅文章,除原创文章外,主要转载来源为吉尔吉斯斯坦"卡巴尔"国家通讯社、哈通社、乌国费尔干纳通讯社、中国一带一路网、中亚新闻网、新华社、俄罗斯卫星网等官方媒体。可见,官方的声音依然是"中国—中亚"丝路新媒体的主流。

---

① 注:这几个国别公众号最终的命名与该文里的略有出入。

在丝路新媒体的建设上,一家中国大型运输企业——江华国际物流集团曾付出颇多。这家物流企业是新疆十大国际物流公司之一,成立于1999年,长期致力于开发中亚及俄罗斯的国际物流市场,打造了中国东部沿海与新疆、中亚、俄罗斯等地区的运输专线。为了更好地拓展市场,加强与中亚地区的联系,该企业创建过《中亚资讯》公众号。相比官媒打造的《丝路新观察》公众号,《中亚资讯》带有鲜明的企业自媒体的特征。《中亚资讯》公众号上线于2014年2月8日,由江华国际宣传部负责推广,早期的内容多为企业内部及业务往来的相关资讯。2015年7月,公众号进行了较为明显的改版,内容呈现去企业化的态势,开始涉及更现实与更具体的国内外新闻。中国、中亚、俄罗斯是三个主要的文章来源目标地,但也不局限于此,德国、美国等国家的热点新闻也不时出现在推送中。该公众号推送的文章很混杂,既有时事新闻,也有"心灵鸡汤",许多文章未注明来源与出处。在经营了3年后,由于关注度不够、直接经济转化率不高、企业经营中心转移等原因,《中亚资讯》公众号没有了持续的资金提供,最终结束于2017年6月15日。实际上,很多与中亚有关的公众号较为短命,譬如《中亚视界》公众号,仅在2018年推送过两篇文章;《中亚环球零距离》公众号也仅活跃于2016年8—9月。值得一提的是,"环球零距离"系列也是由江华物流创办的,下属的还有《哈萨克环球零距离》等,尽管一度有着较高的点击率,①但还是在2018年夭折,这些自媒体夭折的原因都大同小异。

除了大量新闻类的文章推送外,一些公众号在内容的选择上更

---

① 注:哈萨克斯坦歌手迪玛希·库达依别列根(Dimash Kudaibergen)在2017年参加了湖南卫视热门节目《歌手》,这一时期哈萨克斯坦成为网络上高频词,也是相关公众号点击率最高的阶段。

具有学术性。如由非官方独立研究机构新疆欧亚金融研究中心创办的《中亚智库》公众号在文章的择选上就颇具深度,在政治、经济、社会、人文等方面很下功夫,一些文章拥有较高的点击率。在其推送的文章里,《十字军东征,一部被颠倒的欧亚血泪史》(2018年9月17日)点击率为7869,《新疆历史——亚洲大陆辽阔的古代史》(2018年8月29日)点击率为3929,《中国与中亚五国新地缘政治》(2018年4月17日)点击率为1447,《华夏文明与伊斯兰文明交织的中亚》(2017年5月9日)点击率为1988。虽然不能跟动辄10万加的爆款文章相比,但在同比公众号中已经算佼佼者了。《中亚智库》公众号不仅推送学术文章,还推送相关的研究书目,如哈萨克研究(2017年12月17日)、中亚美术研究(2017年6月30日)等,为中亚及新疆地区的研究者提供便利。但令人遗憾的是,上线于2015年1月21日的《中亚智库》公众号,结束于那篇创历史点击率新高的《十字军东征,一部被颠倒的欧亚血泪史》。至今仍活跃的《中亚新视野》公众号创建于2015年12月18日,以吉尔吉斯斯坦国家的相关资讯为主体,文章内容辐射中亚各国的政治、经济、社会、人文等领域,虽然在专业性和学术性上不及《中亚智库》,但也会定期推送一些学术性文章,如《区域、文明,还是历史连续体?——中国的中亚叙述及其话语分类》(2019年4月11日)、《俄语在中亚国家的应用状况》(2019年2月14日)、《"回归移民"研究的脉络与趋势》(2018年9月28日)等。此外,哈兰学术旗下关于中亚地区的学术研究公众号《中亚研究》也非常活跃,每天都会推送8篇文章,其所编译的文章在内容上与时政、经贸等紧密结合,对原文予以高度浓缩,以简报的形式呈现给读者。特别是一些学术论文,一般只会给出摘要,而非全文,并在文末链接相关文章的具体出处。新媒体学术阵线的建立与经营是一件劳心劳力的事情,必须依托一个相对成熟的团队，有的是依靠核心期刊，如《探索与争鸣》公众号和《华东师范大学哲学社会科学版》公众号，有的是高校学者的通力合作，如《保马》公众号和《文艺批评》公众号。与其他专业的新媒体学术阵线相比，中亚研究方面的新媒体存在整体基础不足、研究者相对较少、营运人员非全职、关注群体不够、资金不甚充足、缺乏核心期刊依托等问题。

据不完全统计，截至 2019 年 9 月，在以具体国别为单位的公众号里，① 哈萨克斯坦拥有《哈萨克斯坦驻华大使馆》《中国驻哈萨克斯坦大使馆》《哈国新观察》《哈萨克环球零距离》《哈萨克斯坦商务投资平台》《哈萨克斯坦资讯》《哈萨克斯坦国际商贸服务平台》《哈萨克斯坦新闻》《哈国贸易》《哈萨克国际通讯社》《哈萨克丝路经济》《Kazakhstan》《哈萨克斯坦签证》《哈萨克斯坦航空 AirAstana》《哈萨克斯坦经济》《哈萨克斯坦投资贸易咨询》《哈萨克斯坦新闻》《哈萨克斯坦留学咨询平台》《哈萨克斯坦视界国际旅行》19 个；乌兹别克斯坦拥有《乌国新观察》《乌兹别克斯坦之家》《塔什干孔子学院》《环球国际 Uzbekistan 中乌经贸合作》《乌兹别克斯坦零距离》《走进 Uzbekistan》《乌国商务资讯》《游遍乌兹别克斯坦》《Uzbekistan 经贸合作》《Uzbekistan 万通咨询服务》11 个；吉尔吉斯斯坦拥有《吉尔吉斯新观察》《吉尔吉斯环球零距离》《吉尔吉斯国立民族大学孔子学院》《吉尔吉斯贾国大孔院》《吉尔吉斯之窗》《吉尔吉斯资讯》《吉尔吉斯外国人服务中心》7 个；塔吉克斯坦拥有《塔吉克》《平安塔吉克》《塔国新观察》《塔吉克斯坦国立民族大学孔子学院》《塔吉克斯坦资讯》《塔吉克斯坦中文资讯平台》《塔吉克环球零距离》《塔吉克航空北京代表处》8 个；土库曼斯坦

---

① 注：笔者特意区别了与中国少数民族相关的公众号，并以中文的为主。

拥有《土库曼斯坦资讯》和《土库曼新观察》2个公众号。

通过上述内容我们不难看出，作为中亚地区最大的国家，哈萨克斯坦在丝路新媒体建设上虽然起步不及吉尔吉斯斯坦早，但在总数上后来者居上，成为拥有微信公众号最多的国家，这也跟哈萨克斯坦与中国频繁的经贸活动相关。哈萨克斯坦在2017年成为中国在中亚地区的第一大贸易伙伴，与其他四国相比，双边货物进出口总额差距明显。① 以官媒作后盾的吉尔吉斯斯坦的"新观察"系列仍是目前发展历史最久、经营最好、口碑最棒的媒体单位，这也跟吉尔吉斯斯坦一直以来在参与国际合作机制方面有很高的积极性相关。② 中亚地区人口最多的乌兹别克斯坦在丝路新媒体发展上也很迅速，这些公众号在经贸合作上提供了非常多有价值的信息。乌国在人文领域也不遑多让，如《塔什干孔子学院》公众号，它开通于2017年11月21日，充分发挥了孔子学院在人文交流上的作用，如《塔什干国立东方学院孔子学院在乌兹别克斯坦内务部文化宫举办庆祝中乌建交27周年暨新春文艺联欢会》（2019年1月22日）、《塔什干孔子学院举办"魅力中国·庆祝元旦"主题演讲比赛》（2017年12月25日）等，做到了线上线下开展针对两国文化信息的交流与互动。土库曼斯坦在国土距离上离中国最远，在丝路新媒体的建设上最为缓慢，一直以来在中亚五国中对国际事务的参与度最低，经济互动也相对较少。《土库曼新观察》在"新观察"系列中平均点击率最少，《土库曼斯坦资讯》仅从2017年8月16日维持到2018年2月5日。可以说，土库曼斯坦是中国在中亚丝路新媒体建设上

---

① 孙力主编：《中亚国家发展报告2018》，社会科学文献出版社2018年版，第232—234页。

② 赵会荣：《中亚国家发展历程研究》，社会科学文献出版社2016年版，第201页。

最被忽视和遗忘的国家。值得一提的是，这些以具体国别命名的新观察公众号每天都会推送相对应的货币汇率，方便相关人士及时了解，这也反映了新观察系列对经济的热切关注。但总体而言，微信在拓展海外市场方面，尤其在中亚地区的市场明显不够。

（三）海外新媒体样本个案分析——以 Instagram 为例

微信之外的新媒体平台在中外文化交流与传播上也有着突出的表现。但具体到"中国—中亚"地区，无论是数量上，还是质量上，抑或是针对性上，仍处于起步阶段，尚不成熟。我们可以通过相关的一些切片，[①]并且只能够在更宏观的层面予以思考。在这里不得不再次提及《丝路新观察》报，它不仅创办了中文微信公众号，而且同时创办了俄文的 Facebook 账号，借"一带一路"倡议的东风，在中外市场上打造出一个"丝路新观察"新媒体矩阵。其他相关联的各国新观察公众号同样有相应的 Facebook 和 Twitter，定期推送与中国、中亚相关的资讯，拥有着数量可观的粉丝群体。使用微信的外国用户相比 Facebook 的少，所以以俄文为主的《丝路新观察》的 Facebook 目标群体主要集中于在中亚、俄罗斯生活与工作的当地人及海外华人华侨等，为"中国—中亚"丝路新媒体在海外部分的构建和传播做出相当大的贡献。吉尔吉斯斯坦在新媒体发展的活跃是一件颇有意思的事情，或许是因为在经历过两次大的政治变局后，[②]

---

① 注：这些切片既有中亚地区的，也有与中亚文化相近地区的，如俄罗斯、土耳其等。以他者来观照中亚。此外，这一节涉及的内容及数据，均来自相关新媒体及笔者对相关人士的采访调研等。

② 注：2005 年 3 月，吉尔吉斯斯坦爆发了名为"黄色革命"的政变。2010 年 4 月，爆发了骚乱事件。

吉尔吉斯斯坦迫切地希望能在国际事务当中占据一席之地，同时对舆情的变化较为敏感，于是充分利用新媒体发声，也更懂得掌握话语权在舆论环境中的重要性。

Instagram在中亚地区的使用率很高，是深受青年人喜爱的一款社交软件，功能上与微信有一定的相似性。当然，类似的还有imo，即Instant Messaging Office（互联网即时通讯办公室），在中亚地区也很流行，但更多用于办公。

提及Instagram，就需要简单地介绍一下其与Facebook的关系。马克·扎克伯格（Mark Zuckerberg）创办的Facebook将社交网络的发展推向一个全球化的高度，其最初只局限于哈佛大学校内，但迅速走出象牙塔，面向全世界，使得不同国家和地区的人们可以通过Facebook产生直接的关联。2012年，Facebook以总值7.15亿美元收购了Instagram，并将后者打造为旗下另一款热门的新媒体平台。Instagram以图片传播为主、辅以小视频，并于2016年推出在线直播的功能。简言之，这是一款通过视觉效果实现网络社交的平台。Instagram上与中国相关的账号从内容上大致分为五种：

第一种是类似于peoples_daily和chinaxinhuanews等官方媒体，每天推送的内容为新闻图片，并附上相应的英文介绍。官方媒体拥有庞大的粉丝群体，peoples_daily有81.5万粉丝，chinaxinhuanews有51万粉丝，中国官方媒体拥有粉丝量最高的是cgtn，依托中国国际电视台，拥有非常可观的174万粉丝，特别是在刘欣与翠西·里根（Trish Regan）辩论后，[①] CGTN的instagram和Twitter上的粉丝量有所提升，被更多海外人士所关注。国外的一些官媒，比如土耳其

---

① 注：北京时间2019年5月30日，中国CGTN主播刘欣与美国福克斯商业频道主播翠西·里根就中美贸易等相关话题进行了一场公开的辩论。

驻北京大使馆的官方账号 turkembbeijing，经常用中土双语推送中土两国交往的资讯，类似的大使馆官媒还有很多，在此不一一列举。当然，跟国外的官媒如 bbcnews（860万）和 cnn（768万）相比，中国在海外平台上的官媒还有很大的差距。

第二种是推送风景和人文方面资讯的账号。除了官方媒体外，Instagram 还有大量的自媒体在传播中国文化。与微信相比，Instagram 的开放程度更高，如果不专门设置隐私保护的话，任何人都可以浏览你发布的信息，这也使得众多自媒体用户将自己的页面经营成商业或义务的文化传播平台。例如，chinainsider、chinadestinations、igchina、chinabriefly、insta.beijing、shanghailife_、lovemychina 等，每天都推送与中国相关的图片与内容，将中国或雄浑或秀丽的自然风光与丰富多彩的人文景致展现给世人。其中 chinainsider 拥有5万粉丝，chinadestinations 拥有7万粉丝，lovemychina 拥有4.5万粉丝，shanghailife_ 拥有3.5万粉丝，insta.beijing 拥有15.6万粉丝。作为自媒体，它们的粉丝数已经非常可观了，chinadestinations 的每一次推送都能获得上千的点赞，在文化传播力度上与官方媒体各有千秋。此外，也不乏如 booksinshanghai、literaryshanghai 等主推与文学艺术相关内容的账号。

第三种是商业推广。行业主要涉及运输、旅游、文案服务、海外代购等，比如 uzbek_china.in.bukhara 就是一个在乌兹别克斯坦与中国之间进行商业往来的新媒体账号。类似的还有 chinatrade_kazakhstan、kazakhstanchina 等。"一带一路"倡议最先显现的就是经济效益，为沿线各国提供了贸易往来的便利，也推动了相关新媒体账号的大量涌现。但这些新媒体在经济上的直接转化率有多高，目前尚未有具体的数据予以说明。

第四种是致力于介绍中外文化差异的，如 tinyeyescomics，其创办者是一位留学美国、英国和法国等地的中国留学生 Siyu，这个深谙中外文化的北京女孩从 2016 年起定期推送"小眼睛"系列漫画，① 漫画内容以自己为线索（一个穿着中国服饰的女孩形象），讲述中外文化差异，如中美时区、服饰打扮、为人处事的态度等，通过生动形象的方式展示文化异同。在她推送的漫画中，能够感受到求同存异的创作愿景，对文化碰撞进行了能唤起共鸣与理解的艺术处理，而非尖锐的矛盾。如今，她已经成为 Instagram 上的中国网红，拥有 3.3 万粉丝，法国出版社已出版了她的漫画集。《鱼翅与花椒》的作者英国汉学家扶霞·邓洛普（Fuchsia Dunlop）也一直在 Instagram 上分享中国的饮食文化，希望给对中国美食好奇或误解的人们带去最真实的介绍。如扶霞这般的海外汉学家还有很多，他们充分发挥了新媒体的作用，向世界传递他们所亲历的中国文化。

第五种是汉语言文字方面的内容。负责这部分的自媒体有的是团队，如土耳其的 bucetigroup 就是一个致力于打造中文、土文、英文三语的学习平台，每期内容都会介绍一个中文字词，附上带有音标的拼音书写及对应的英文和土文字词，以静态视频的方式播放三种语言词汇的发音；有的是个人，如 chinese.sinology，这也是具有鲜明个人化特征的自媒体，经营者是俄罗斯人，她目前在莫斯科做中文老师，曾留学东北师范大学，拥有 2 万的粉丝，定期向俄语地区的中文学习者介绍汉字及中国文化，还会出选择题等供粉丝填写。她推送的图片中往往会有自己的身影。与之类似的还有 eastwestchinese、meili.chinese 和 kitaiskaya_gramota 等，同样因推广者具有高颜值并不断在自己的推送中出镜，吸引了不少粉丝关注。另一种风格

---

① 华裔漫画家 Tinyeyes 幽默描绘中西文化大不同，http://www.am1470.com/hot_topics_detail.php?i=4115.

的是如 chinese.nihao、chinese_xiongmao、han_characters、vividchineserussian 和 chinese_mandarin_skype 等，它们的页面更中规中矩一些，以单纯的汉字介绍为主，HSK 的内容也是它们推送的重点。之外，还有像 daily_chinese_questions 这样的账号，为了给粉丝提供练习中文的机会，经常会推送一些诸如"你们认为熊猫最可爱的特点是什么""你看书的时候喜欢坐在哪里""你对京剧有什么印象"等问题，并要求用中文回答，在传播中国文化的同时增强了互动性。

汉语热正在中亚地区兴起，但与俄罗斯等地区相比，中亚地区的丝路新媒体在 Instagram、Facebook、Twitter 等海外新媒体上的构建与传播显然还不够成熟，相关的账号还较少。但值得一提的是，这个现象目前正在发生改变。由孔子学院总部与国家汉办主办的汉语桥系列中文比赛在世界各地为中文爱好者埋下了火种，一些从汉语桥出来的中亚学生们有意识地在 Instagram 进行中国文化的传播与交流。如_chinese9 的主创者之一即为第十一届世界中学生汉语桥乌兹别克斯坦赛区的优胜者迪安黎。实际上很多前来中国留学的外国留学生，都有意或无意地进行着或多或少的中国文化宣传，相信他们的点滴付出一定会让丝路新媒体的未来星火燎原。需要指出的是，俄语在中亚地区有着很高的普及率，所以很多中亚地区的中文学习者往往在 Instagram、Facebook、Twitter 上关注俄罗斯的中文及中华文化推广者，借助俄语完成文化及语言的学习，俄罗斯等国家成为媒介，而非中文与本民族语言的一对一直接互动。

三、丝路新媒体未来发展的实践对策

新媒体已经逐渐成长为"一带一路"倡议沿线上民心相通的重

要组成,也慢慢成长为国际外交的一个重要阵线。我们有理由相信,"新媒体外交"将是未来更加信息化未来的发展趋向之一,但"罗马不是一天建成的",丝路新媒体的建设是一个长期且浩大的工程。根据前文我们能够发现,"中国—中亚"丝路新媒体目前存在着如下的问题:(1)相关部门重视程度不足;(2)与欧美地区相比,与中亚相关的新媒体起步晚,起点低,受众少;(3)直接经济转化率不高,缺乏资金扶持;(4)内容单调,形式单一,特色不够鲜明;(5)自媒体不好引导与管控;(6)受第三方(如俄罗斯、美国)影响大等,这些现实的问题都亟待解决。

针对"中国—中亚"丝路新媒体在构建过程中出现的种种问题,我们需要予以高度重视并采取相应的对策,以保障丝路新媒体向有利于人文交流、经济互惠、安全稳定和学术共建的方向深度发展。

(一) 官媒与时俱进,充分发挥优势地位

无论是国内的新华社、《人民日报》,还是国外的《丝路新观察》报,官方媒体在丝路新媒体的构建与传播上起到主导与领航的作用。与其他自媒体相比,官媒拥有更充足的人力、物力及财力,往往能够掌握第一手的新闻资讯。据一些学者的研究显示,中亚地区"更倾向于使用本国媒体获取有关中国的信息,受众对中国中央级媒体的认可度高于欧美国家的媒体"。[1] 因此,各个国家的官媒应相互合作、互通有无、与时俱进,共同打造信息对等的丝路新媒体,树立

---

[1] 焦若微:"中国新疆主流媒体中亚传播受众需求研究",《新疆师范大学学报》2014年第5期,第110—116页。

起"一带一路"倡议沿线民心相通的良好形象。丝路新媒体的铺就绝不能止于中亚,所以中国与中亚地区要通力合作,为丝路上的其他诸国做出榜样。一些机构如大使馆、智库、高校等需要积极参与进来,实现丝绸之路线上线下的合力发展。

(二)建立新媒体智库,增加学术资讯占有量

新媒体除了提供碎片化的快感阅读以外,也会有一定的深度阅读,新媒体日益成为共享学术资源的重要平台。《中亚智库》公众号曾在这方面做出过表率,对从事中亚及中国新疆地区研究的学者和专家来说,其过早地夭折是一件令人遗憾的事情。一些高校和研究所应加强对相关方面内容的重视,对相关机构予以政策扶植,建立起相应的学术智库,不仅便利了学界,也有利于扩大在中亚地区的影响力。学术文章在新媒体平台的传播中很难出现10万加的爆款,尽管这也不应是学术类公众号所追求的目标。将新媒体打造成"一带一路"倡议沿线的学术门户,建立起广泛的学术共同体与丰富的智库高地,才是学术类新媒体的价值所在。当然,智库的建立不仅对中国有意义,对中亚同样如此。中亚一些国家的决策层面也许有人懂汉语,但如果缺乏真正意义上的汉学家或中国学专家,那么则可能造成很大的障碍与限制。由此可见,学术共同体的建立是双向的。

(三)加大人文方面的内容

在国内外的新媒体中,经济方面的内容是占比最高的,其次是时政新闻。但人文方面的内容占比一般,从文化传播的角度上看,

显然是不足的。经济热需要带动起人文热，两者相互促进。以文学为例，目前关于中亚地区优秀作家作品的介绍非常稀缺。《新京报书评周刊》公众号于 2019 年 5 月 19 日推出过一期介绍中亚地区文学的文章，提及乌兹别克斯坦作家阿利舍尔·纳沃伊（Alisher Navoiy）的《法尔哈德和希琳》、哈萨克斯坦作家阿拜·库南拜耶夫（Abai Kunanbaiyefu）的《阿拜箴言录》、吉尔吉斯斯坦作家钦吉斯·艾特玛托夫（Chinghiz Aitmatov）的《白轮船》等少数作家的作品，但中亚文学对中国读者而言依然是一片荒漠。丝路新媒体可以加大这方面的推广，让中亚地区更多的人文精粹进入中国民众的视野，同时也让外国用户了解到中国的人文成果，在沿线国家民众中形成一个"相互欣赏、相互理解、相互尊重的人文格局"。[①]

（四）加强中亚地区小语种建设与语言专业人才的培养

在上文提到的诸多新媒体中，俄语是中亚地区丝路新媒体的重要语言载体，也是主要的中介语言。但中亚五国也有各自的语言，能否绕开俄语这个他者，建立起更具有针对性的一对一交流是丝路新媒体发展的一个方向。新媒体也是语言学习者的一个重要平台，但相比英语、法语、俄语、日语等在新媒体平台上的火爆，其他小语种仍处于边缘状态。值得一提的是，《环球畜牧兽医》公众号曾在

[①] 齐小英：共建"一带一路"打造相互欣赏、相互理解和相互尊重的人文格局，陕西日报，http://www.ldgb.cn/admin/pub_newsshow.asp? id = 29071442&chid = 100178, 2016 - 09 - 27。

注：9 月 26 日，2016"一带一路"国际研讨会在西安召开，中共中央政治局委员、中央书记处书记、中宣部部长刘奇葆出席研讨会，发表题为《促进民心相通 实现合作共赢》的主旨演讲。强调让亚欧非大陆上不同文化、不同信仰的人们携起手来，打造相互欣赏、相互理解和相互尊重的人文格局。

2016—2017年间,推出过一组共二十四节课的《一起学乌语》,吸引了一些乌语爱好者。但持续时间短,内容简单,与乌国文化结合不足,没有形成气候。与乌语、哈语等同属阿尔泰语系突厥语族的土耳其语在新媒体上就做得有模有样。《丝绸之路土耳其语》公众号、《芝麻圈土耳其语》公众号、《土耳其观止》公众号等,可以作为中亚诸国相关人士的借鉴范本。随着如上海外国语大学开设乌兹别克语专业等工作的落实,① 我们有望看到更专业的语言文化人才,中亚五国的小语种地位也会日渐提高。

(五)内容为王,讲好中国故事

习近平总书记在全国宣传思想工作会议中提出"要讲好中国故事,传播好中国声音"。在新媒体的时代格局下,中国必须重视丝路新媒体的传播能力与范围,通过有效的途径提高自身的国际传播能力,塑造良好的国家形象,② 让"一带一路"倡议沿线诸国能够感受到一个可亲可近的中国。这意味着新媒体在内容的择选上,既要把握好中国形象、中国精神、中国文化,又要具备一个全球化的宏观视角,借助文字、声音、视频等多种方式讲好中国故事;既是中国的好故事,也是世界的好故事,这是构建人类命运共同体所不可少的。值得一提的是,五洲传播出版社在2019年推出一套"我们和你们:中国和××的故事"为主题的丛书,邀请中外作者共同创作

---

① 上海首个乌兹别克语专业在上外开设,搜狐网,https://www.sohu.com/a/276404091_100253943, 2018-11-19。注:上海外国语大学于2018年11月开设乌兹别克语专业,并招收了11名学生。

② 周洁琴:"全媒体时代下媒体记者如何讲好中国故事",《新闻采编》2019年第2期,第30—31页。

彼此之间的故事。这套书被视为"一带一路"倡议的破题之作。如果新媒体平台也能以此为参照，推出一系列故事，相信会更有助于促进中国与他国的情感交流。

（六）丝路新媒体既要重视地区整体，也要重视国别个体

中亚地区不是铁板一块，而是由五个和而不同的国家共同组成的。吉尔吉斯斯坦、乌兹别克斯坦和哈萨克斯坦在构建与发展丝路新媒体上具有较高的参与度和互动性，资讯内容也较为丰富。但塔吉克斯坦和土库曼斯坦相对来说参与度不够，存在感不高，对这两个国家在新媒体建设方面，需要予以更多帮助与重视，让中亚五国在丝路新媒体的构建上既有共性，又有个性。

（七）对自媒体的发展需要予以正确的引导与管控

自媒体的蓬勃兴起所引发的另一个问题就是言论泛滥。必须强调的是，言论泛滥不同于言论自由，一些不当的言论并不利于地区间的发展与合作，如Facebook和Twitter等海外新媒体上时常有一些恶意中伤的言论出现，损害了丝路沿线各国人民的感情。尤其要警惕一些极端言论，防范别有用心之徒扭曲事实，煽风点火，让新媒体成为犯罪与暴力的温床，给地区安全与稳定造成严重的影响，避免新西兰基督城事件重演。① 相关部门要对自媒体平台予以良性的引导，加强监督力度，建立一个健康和谐的丝路新媒体环境。

---

① 注：2019年3月15日，新西兰基督城的一处清真寺遭到恐怖袭击，恐怖分子利用新媒体在网络上直播屠杀行动，在世界范围内造成极其恶劣的影响。

（八）提升中国新媒体的核心竞争力，积极开发海外市场

目前国际市场上存在大量同类型的产品，中国新媒体需要扬长避短，提高创新性，符合他国国情，与外国新媒体展开良性竞争，如抖音以短视频的方式风靡全球，却因一些内容太过低俗而先后被印度尼西亚和印度禁止。① 这是中国新媒体需要总结的经验教训，即如何被国外市场接纳以及如何更好地推广自身及中国文化，这是一个亟待思考与解决的现实问题。

（九）推广和而不同，求同存异的文明观

世界是多元的，文明也是多元的，"一带一路"倡议的目的之一就在于达成彼此之间的相互理解。"一带一路"倡议的沿线建设靠的是"异而生存、和而同存、人而温存、通而长存、共而旺存"，② 中国在建设丝路新媒体时应担负起这样的职责和使命，让沿线诸国深刻地感受到彼此的命运是紧密相关的，意识到文明没有高下、好坏之分，只有特色、地域之分，用开放包容的心接纳彼此，建立一个文明"异"同体③。

---

① 抖音出海之路再生风波，2019-02-18，https://36kr.com/p/5177868 注：本文来自微信公众号"天下网商"（ID：txws_txws），作者章航英，中国视频应用抖音海外版 TikTok 在海外市场的争议逐渐增多，遭到印尼、印度等国的质疑与抵制。

② 注：姚建红的访谈，出自肖人夫、张哲浩：“建设'一带一路'智库新高地”，《光明日报》2019 年 5 月 22 日。

③ 注："异"同体与共同体相对应，指的是文明间因巨大的差异而很难直接成为共同体，但这并不代表着不同文明间无法共存，实际上不同文明在很多地方上诉求是一致的，具有差异性的个体也能够连接成和谐的社群。

结 语

"一带一路"倡议提出已6年，目前基本实现了总体布局。如今，我们需继续秉持"世界多极化、经济全球化、文化多样化、社会信息化"[①]的现实认知，在对"一带一路"倡议的建设与发展上，体现一个和善的大国形象，充分发挥国家能动性及丝路新媒体的积极作用，努力完成从"大写意"到"工笔画"的转型。[②] 丝路新媒体即是"工笔画"中的重要一笔，中国需要在新媒体的世界格局中抢占有利位置，实现"一带一路"倡议的战略价值。"中国—中亚"丝路新媒体是丝路新媒体的起点，但绝不是终点。我们要积极利用好新媒体的影响力和对青年一代的吸引力，传承历史予以的珍贵友情，努力讲好中国故事，塑造"一带一路"的良好形象，为民心相通奠定坚实的基础，实现真正意义上的"了解之同情"，让"中国—中亚"完成从"经济共同体""安全共同体"到"命运共同体"[③]的历史性转变。

[①] 习近平：《深化交流互鉴，共建亚洲命运共同体——在亚洲文明对话大会开幕式上的主旨演讲》，http://www.81.cn/sydbt/2019-05/15/content_9503758.htm。

[②] 新华网：《从"大写意"到"工笔画""一带一路"今后这么建设》，http://www.xinhuanet.com/world/2018-08/28/c_129941251.htm。

[③] 许涛：《中亚地缘政治沿革：历史、现状与未来》，时事出版社2016年版，第425页。

中吉合作的影响因素分析：潜力与阻碍

李孟婷[*]

【摘　要】　随着"一带一路"倡议的提出，中国与吉尔吉斯斯坦的合作交流越发频繁。吉尔吉斯斯坦领导人多次在重大活动及重要讲话中表达了对该倡议的大力支持。然而，中吉两国合作在逐步加深的同时依然面临众多的阻碍与考验，围绕这些合作的不仅有支持称赞的言论，也有反对抵制的论调。"中国威胁论"便是这些反对声中比较有代表性的一种，它已在一定程度上影响了中国的国际声誉，造成包括吉尔吉斯斯坦在内的中亚地区的民众对中国的误解与顾虑。因此，中国必须将双赢的潜力与不可避免的摩擦共同纳入考量之中，权衡比较历史与现实的作用，在传播途径、外交策略等方面进行针对性的调整。

【关键词】　"一带一路"；吉尔吉斯斯坦；中吉合作；中吉关系；"中国威胁论"

---

[*] 李孟婷，华东师范大学政治学系，研究方向为国际政治。

一、中国与吉尔吉斯斯坦的关系：历史与现实

（一）吉尔吉斯斯坦在中国对外关系中的重要性

吉尔吉斯斯坦位于中亚的东北部，尽管面积在中亚各国里并不算大，仅为19.99万平方公里，但地理位置却很特殊——东与中国的新疆维吾尔自治区相接壤，西与乌兹别克斯坦毗邻，南和塔吉克斯坦相邻，北则与哈萨克斯坦相接。尤其值得注意的是，吉尔吉斯斯坦与中国有着将近1100公里的共同边界，这也注定了中吉两国之间无法割断的联系。由于独特的地理位置和历史原因，本文在讲吉尔吉斯斯坦时，便不得不提到中、吉、俄三国之间的关系。

1. 中华人民共和国成立前：吉尔吉斯斯坦与苏联之间的"纠葛"

十月革命之后，苏联加紧在中亚地区的控制并对中亚地区进行划界管理。当时的吉尔吉斯被划分到哈萨克分委员，紧接着在1917年11月至次年6月期间建立了苏维埃政权，并最终在1924年10月成为隶属于俄罗斯联邦的卡拉——吉尔吉斯自治州。随后的两年里，吉国又经历了多次改名——从吉尔吉斯自治州（1925年）变成吉尔吉斯苏维埃社会主义自治共和国（1926年），但有一点却不曾改变，即它始终属于俄罗斯联邦。十年后，吉尔吉斯苏维埃社会主义共和国的成立，标志着它正式加盟苏联。这一历史时刻对吉国的影响延续至今，其基本国家结构便从当时一直保留到现在。

2. 中华人民共和国成立至苏联解体：中苏关系变化与吉尔吉斯斯坦艰难的独立之路

在此期间，中苏两国的关系经历了"亲密结盟—分歧决裂—微妙转折—逐渐正常"的曲折演变。中国与周边国家的外交关系深受这一过程的影响，吉尔吉斯斯坦也在这期间酝酿着巨变。

自20世纪80年代，苏共将权力转移到苏联人民代表大会之后，中央的权力逐渐呈现真空状态，国内的局势越来越动荡不安，而外部各加盟共和国也蠢蠢欲动，想要争取各自的主权。正是在这种大环境下，吉尔吉斯斯坦在争夺本国独立主权的同时，也陷入严重的政治与经济双重危机中。

吉尔吉斯苏维埃社会主义共和国的宪法在1990年10月进行了部分修改，确认将部长会议改组为内阁，实行总统制。随后，阿卡耶夫当选第一任总统。"1991年8月31日，吉尔吉斯共和国最高苏维埃发表国家独立宣言，宣布吉尔吉斯斯坦为独立的主权国家，改名为吉尔吉斯共和国。同年12月21日加入独联体。"[①]

3. 苏联解体至今：吉尔吉斯斯坦动荡的发展之路

苏联解体后，美苏两极格局消失，国际局势风云变幻。吉尔吉斯斯坦也在独立的道路上，根据新的外交政策积极地展开外交活动。1991年12月，中国承认吉国独立。次年1月，中吉两国发表建交公报，正式建立外交关系。同年5月，中国在吉设立大使馆。1993年

---

① 吉尔吉斯斯坦国家概况，中华人民共和国外交部，https://www.fmprc.gov.cn/web/gjhdq_676201/gj_676203/yz_676205/1206_676548/1206x0_676550/t9466.shtml。

8月31日，吉尔吉斯斯坦驻中国大使馆开馆。①

然而，吉尔吉斯斯坦的发展并非一帆风顺。1993年颁布的新宪法尚未对总统和议会的权力进行明确的界定，使得总统与议会几乎平分着国家的最高政治权力。1996年和1998年宪法的修改都大大强化了总统集权的力度，但由集权而产生的腐败问题又成为吉国反对派要求再度修改宪法、让渡总统权力的重要理由。直到2003年，全民公投通过了宪法修正案，总统与议会之间的矛盾才算得到短暂的调和。

2005年发生"郁金香革命"后，阿卡耶夫政权被推翻，反对派领袖巴基耶夫成为总统。革命看似声势浩大，但却没有从本质上改变吉尔吉斯斯坦的政治经济体制，总统仍然掌握着最多的权力。但不可否认的是，这次革命加速了吉国的政治民主化进程，也成为其在2010年爆发政治风暴的催化剂。2010年的"四月事件"致使巴基耶夫被迫下台，随后在6月的全民公决上，新《宪法》草案得以通过。值得注意的是，此次的宪法从法律意义上确立了吉尔吉斯斯坦的政体，将议会确定为吉国最高的权力机关，彻底结束了"议会制—总统制"时代。

从二战结束到中华人民共和国成立，再到苏联解体至今，吉尔吉斯斯坦经历了复杂动荡的独立之路，也更加迫切地渴望稳定长久的外交关系。中吉两国自1992年建交以来，不管是官方还是民间，各领域合作与友好往来的广度与深度都在不断扩大和加深。这不仅符合两国和平外交的需求，也对中国对外关系的发展具有重要的意义：

---

① 张宁、李雪、李昕鞞：《吉尔吉斯斯坦独立后的政治经济发展》，上海大学出版社2013年版，第159页。

首先,从地缘政治角度考虑。吉国位于中亚内陆地区,与众多国家毗邻,边界线绵长,仅与中国接壤的就有近1100公里。尤其是吉国与中国的西北地区接壤,这对于打击新疆"三股势力"的重要性不言而喻。独特的地缘优势让吉国毫无疑问成为中亚与中国贸易往来的必经之路。这绵长的共有边界到底能够发挥正效应还是负效应,就要看两国如何把握这密切的敏感地区了。

其次,从能源资源角度考虑。吉国拥有世界第三的锑储量,黄金储量和煤炭储量也十分可观。如果能够在能源上进行良性合作,不仅可以拉动两国的经济发展,更能促进中吉的能源产业升级,推动两国能源进出口实现双赢。

最后,从区域安全角度考虑。中亚地区的整体安全形势不太稳定,中国新疆地区也需要加大力度打击"疆独"势力。中吉两国倘若能携手维护中亚地区的和平与稳定,在联合反恐方面进行更为深入的合作,必定能取得更好的效果,为地区稳定做出贡献。

(二)中吉外交关系的古今渊源

1. 古已有之

早在汉唐时期,吉尔吉斯斯坦就曾多次属于我国版图。从汉武帝时期到西晋时期长达400年的时间里,吉尔吉斯斯坦一直隶属于西汉王朝。说到这,便不得不提到历史上有关"李陵后代"的传说。公元前99年,飞将军李广的长孙李陵,奉汉武帝之命出征匈奴却兵败被俘,匈奴得知他是李广后代,十分器重,便将自己的女儿许配给他,并封他为右校王,掌管坚昆即今吉尔吉斯斯坦。西汉时期郅支单于定都坚昆，李陵后裔及其部众随郅支单于迁徙到坚昆之地，并定居于此。此即黠戛斯流传黑发黑睛者为李陵之后传说的由来。① 到了贞观十四年即公元640年，唐朝设立了安西都护府对中亚地区进行管辖，这其中便包括今吉尔吉斯斯坦的所在地。大家耳熟能详的唐代著名诗人李白，他的出生地"碎叶城"（今吉尔吉斯斯坦的托克马克市附近）便是当时的"安西四镇"之一。② 公元708年，唐中宗就曾对黠戛斯遣唐使者说："尔国与我同宗，非它蕃比。"在元朝时期，吉则隶属元中央下辖的察合台汗国。吉尔吉斯族与我国新疆的柯尔克孜族为跨境同源民族，《史记》中也曾有过记载"鬲昆"是为柯尔克孜人的祖先。

2. 建交之后

自从1992年中吉两国建立大使级外交关系后，双边关系顺利发展，签订了一系列重要文件，对拉近两国关系有重大作用。表1对1994年至2018年6月底中吉两国签署的重要文件进行了简单统计。

表1 中吉两国重要文件签署统计表

时间	中吉两国签署的文件
1994年4月	发表联合公报，并签署向吉方提供贷款的协定等6个文件
1996年7月	《中华人民共和国和吉尔吉斯共和国联合声明》《中华人民共和国和吉尔吉斯共和国国界协定》等文件

---

① 李荣辉："中古时期李陵后裔辨伪"，《内蒙古社会科学》2019年第5期，第69—74页。

② 胡振华主编：《中亚五国志》，中央民族大学出版社2006年版，第276页。

续表

时 间	中吉两国签署的文件
1998年4月	《中华人民共和国和吉尔吉斯共和国关于进一步发展和加深两国友好合作的联合声明》
1999年8月	《中吉国界补充协定》
2002年6月	《中华人民共和国和吉尔吉斯共和国睦邻友好合作条约》
2004年9月	《中华人民共和国和吉尔吉斯共和国2004年至2014年合作纲要》
2006年6月	《中华人民共和国和吉尔吉斯共和国联合声明》
2013年9月	《中吉关于建立战略伙伴关系的联合宣言》
2015年9月	《中华人民共和国政府与吉尔吉斯共和国政府关于两国毗邻地区合作规划纲要（2015—2020年）》
2018年6月	《中吉关于建立全面战略伙伴关系联合声明》

资料来源：表格内容整理自外交部等官方网站。

2013年9月，习近平曾对中吉两国的发展现状及前景评价道，"1992年建交以来，中吉关系始终保持快速稳定发展，各领域合作成果显著，双边关系达到前所未有的高水平，发展前景广阔……中国高度重视对吉关系，两国关系面临重大发展机遇。中方愿同吉方一道努力，不断深化政治互信、扩大互利合作、加强战略协作，推动两国关系迈上新的更高的台阶"。[①]

自从习近平在2013年提出"一带一路"合作倡议之后，中吉两国的关系进一步提升，领导人之间的访问与交流也随之增加。2018年6月，两国宣布建立"全面战略伙伴关系"后，更是开启了中吉外交新时代。表2为2014年至2019年6月底，两国领导主要访问情

[①] 习近平接受土库曼斯坦、俄罗斯、哈萨克斯坦、乌兹别克斯坦、吉尔吉斯斯坦五国媒体联合采访，https：//www.fmprc.gov.cn/web/gjhdq_676201/gj_676203/yz_676205/1206_676548/1209_676558/t1072596.shtml。

况统计。

表2 中吉两国领导人主要访问情况统计表

时间		事件
2013 年		
9月13日		习近平主席访吉并出席上海合作组织峰会，双方建立战略伙伴关系
2014 年		
5月	4日—8日	吉尔吉斯斯坦议长热恩别科夫率团访华
	17日—21日	吉总统阿塔姆巴耶夫对华进行国事访问并出席在上海举行的亚洲相互协作与信任措施会议第四次峰会
7月	17日	商务部部长助理张向晨率团赴吉出席中吉经贸混委会第十次会议
	25日	全国政协副主席、全国工商联主席王钦敏率团访吉
8月	31日	习近平主席致电吉尔吉斯斯坦总统阿塔姆巴耶夫
	31日—9月2日	吉总理奥托尔巴耶夫出席第四届中国—亚欧博览会
10月31日		吉外长阿布德尔达耶夫来华出席阿富汗问题伊斯坦布尔进程第四次外长会议
11月29日		习近平主席特使、国务委员杨洁篪对吉进行工作访问
2015 年		
2月8日—12日		吉总统特别代表、交通通讯部部长苏尔坦诺夫率团访华
5月22日—25日		吉第一副总统萨尔帕夫出席第十九届中国东西部合作与投资贸易洽谈会暨丝绸之路博览会
6月3日		外交部长王毅在莫斯科会见吉外长阿布德尔达耶夫
		吉尔吉斯斯坦副总理基尔访华并出席第三届中国—中亚合作论坛
9月	2—3日	吉总统阿塔姆巴耶夫来华出席中国人民抗日战争暨世界反法西斯战争胜利70周年纪念活动
	28—29日	全国政协副主席、中国人民银行行长周小川率团访吉

续表

时间		事件
12月14日—17日		吉尔吉斯斯坦总理萨里耶夫对华进行工作访问并出席上海合作组织总理会议 吉尔吉斯斯坦总理萨里耶夫出席第二届世界互联网大会开幕式并致辞
2016年		
3月		吉尔吉斯斯坦社民党主席图尔松别科夫率团访华
4月		吉尔吉斯斯坦外长阿布德尔达耶夫出席在北京举行的亚信第五次外长会议
5月21—22日		王毅外长访吉
6月	24日	习近平主席出席上合塔什干元首峰会期间与吉总统举行双边会见
	27日	吉总理热恩别科夫来华出席在天津举行的夏季达沃斯论坛
9月	21日	中央军委联合总参谋部副参谋长徐粉林上将率团访吉并出席上合成员国总参谋长会议
	27日	中吉第五轮领事磋商在京举行
10月12—13日		商务部副部长房爱卿率团访吉并出席上合经贸部长会议和中吉政府间经贸合作委员会
11月2—3日		李克强总理对吉进行正式访问并出席上海合作组织成员国政府首脑（总理）会议
2017年		
1月		吉尔吉斯斯坦总统阿塔姆巴耶夫访华
5月14日—15日		吉尔吉斯斯坦总统阿塔姆巴耶夫来华出席"一带一路"国际合作高峰论坛
2018年		
4月	3日	国务院副总理胡春华会见吉尔吉斯斯坦第一副总理沙季耶夫一行
	11日	吉尔吉斯斯坦前总统阿塔姆巴耶夫出席博鳌亚洲论坛2018年年会
	25日	王毅部长与吉尔吉斯斯坦外长阿布尔达耶夫举行会谈

续表

时间		事件
6月	6日	习近平主席与吉尔吉斯斯坦总统热恩别科夫举行会谈
	29日	吉尔吉斯斯坦经济部长参加"丝绸之路经济带"国际投资研讨会
10月12日		李克强总理在杜尚别出席上海合作组织总理会议期间同吉总理阿布尔加济耶夫举行会见
2019年		
4月26日		吉尔吉斯斯坦总统热恩别科夫来华出席第二届"一带一路"国际合作高峰论坛
6月12日		习近平主席访吉并出席上海合作组织比什凯克峰会

资料来源：表格内容整理自外交部官网、中华人民共和国人民政府官网以及官方媒体的报道。

二、中吉关系的新变化

随着中吉两国的合作交流不断加深，吉方领导人也多次在重大活动及重要讲话中表达了对中方倡议的大力支持。但不能忽视的是，两国合作在逐步加深的同时依然面临着一些阻碍与考验，以下将从"一带一路"倡议下的吉方回应、中吉合作、中吉摩擦三方面进行阐述。

（一）吉尔吉斯斯坦对"一带一路"倡议的回应

中吉两国的关系从"双边关系"提升为当前的"全面战略伙伴关系"是外交关系质的飞跃，具有十分重大的意义。2016年5月22

日，吉国总统阿塔姆巴耶夫会见外交部长王毅时表示，"中国长期以来大力帮助吉经济社会发展，加强了吉自主发展能力，是吉高度信赖和可以依靠的好朋友。吉方愿积极参与丝绸之路经济带建设，与中方共同打击'三股势力'，不断推动吉中战略伙伴关系发展"。①

2017年5月16日，吉尔吉斯斯坦总统阿塔姆巴耶夫在出席"一带一路"国际合作高峰论坛时表示，"衷心祝贺中方成功举办'一带一路'国际合作高峰论坛。当前两国战略伙伴关系正高水平发展。吉方感谢中方长期以来给予的有力支持和帮助，将坚定支持中方在涉及核心利益和重大关切问题上的立场，愿同中方加强经贸、安全等各领域合作，积极推进重大基础设施项目建设"。②

2018年4月25日，吉外长阿布德尔达耶夫与王毅部长进行会谈时表示，"吉方钦佩中国发展成就，中国的发展正在影响世界。吉方希望深化吉中战略伙伴关系，对双方共建'一带一路'取得的积极进展感到满意"。③ 同年6月，吉总统热恩别科夫出席上海合作组织青岛峰会时也提到，吉尔吉斯斯坦"过去、现在和将来都是中国最可靠的邻居、伙伴和朋友。吉方将坚定奉行一个中国政策，愿同中方加强经贸、人文等领域务实合作，协力打击'三股势力'，共同维护本地区和平、稳定与安全。吉方支持'一带一路'伟大倡议，相信它一定会有力推动本地区共同发展"。④ 次日，在与全国人大常委

---

① 吉尔吉斯斯坦总统阿坦巴耶夫会见王毅，新华网，http：//www.xinhuanet.com//world/2016-05/23/c_129005623.htm。
② 习近平会见吉尔吉斯斯坦总统：使"一带一路"建设成果更多惠及两国人民．新浪新闻，http：//news.sina.com.cn/o/2017-05-16/doc-ifyfecvz1532130.shtml。
③ 王毅与吉尔吉斯斯坦外长阿布德尔达耶夫举行会谈，https：www.fmprc.gov.cn/web/wjbzhd/t155420/.shtml。
④ 习近平同吉尔吉斯斯坦总统热恩别科夫举行会谈，http：//www.qstheory.cn/yaowen/2018-06/06/c_1122948234.htm。

会委员长栗战书会见时，热恩别科夫再次表示，"对华关系是吉优先方向，愿加强打击'三股势力'合作，支持'一带一路'倡议，支持两国立法机构交流"。①

2018年6月29日，吉尔吉斯斯坦经济部长潘克拉托夫在"丝绸之路经济带"国际投资研讨会上表示，"吉尔吉斯斯坦是最早支持'一带一路'倡议的国家之一，未来也将尽全力促进'一带一路'项目在地区落地。吉政府将在政策上支持外国企业，尤其是中国企业的投资"。②

2018年10月12日，吉国总理阿布尔加济耶夫在与李克强总理会面时表示，"吉中是好邻居、好伙伴、好朋友。吉方坚定支持一个中国政策，积极参与'一带一路'建设，坚决打击'三股势力'，愿同中方一道，扩大贸易、投资、农业、旅游等领域合作，将吉中全面战略伙伴关系不断提升到新水平"。③

如此回应，不胜枚举，可见吉方的领导层对"一带一路"倡议总体呈现出较为积极正面的态度。

（二）"一带一路"建设中的中吉合作

1. 签署谅解备忘录

2018年6月6日，中吉两国在北京共同签署了《中华人民共和

---

① 栗战书会见吉尔吉斯斯坦总统热恩别科夫，央广网，http://news.cnr.cn/native/gd/20180607/t20180607_524262261.shtml。

② 吉尔吉斯斯坦：将全力促进"一带一路"项目落地，新华网，http://www.xinhuanet.com/world/2018-06/30/c_1123059636.htm。

③ 李克强会见吉尔吉斯斯坦总理阿布尔加济耶夫—中华人民共和国外交部，https://www.fmprc.gov.cn/web/gjhdq_676201/gj_676203/yz_676205/1206_676548/xgxw_676554/t1603778.shtml。

国人力资源和社会保障部与吉尔吉斯共和国劳动和社会发展部在劳动和社会保障领域合作谅解备忘录》。[①] 这为推动两国在劳动就业与社会保障方面的合作打下更为坚实的基础,也鼓励中吉两国继续进一步加深交流与合作。

2. 吉国加入亚投行

吉尔吉斯斯坦在 2015 年的 3 月申请加入亚洲基础设施投资银行,并在 6 月正式加入,成为亚投行 57 个创始成员国之一。

3. 促进各领域的合作

2015 年 9 月 2 日,中吉两国签署了《中华人民共和国政府与吉尔吉斯共和国政府关于两国毗邻地区合作规划纲要（2015—2020 年）》。[②] 该纲要旨在通过两国的区位优势,分别从能源合作、交通合作、农业合作、金融合作、文化合作等 11 个方面提出具体举措,以求共同发展。纲要的成功签署为两国及毗邻地区开展合作奠定了法律基础。

2017 年 2 月,贯穿中—吉—乌三国之间全长约 950 公里的国际公路正式通车。"新线路的开通,使原来的过境运输周期由 8—10 天压缩至 2 天左右。一些对时间有特别要求的货物,甚至可在一昼夜间运达。在运输费用方面每吨货物较此前减少 300—500 美元,一年

---

① 中吉签署劳动和社会保障领域合作谅解备忘录,http://www.mohrss.gov.cn/SYrlzyhshbzb/zwgk/bld/zjn/zyjh/201806/t20180607_295258.html。
② 中吉签署毗邻地区合作规划纲要_部门新闻_新闻_中国政府网,http://www.gov.cn/xinwen/2015-09/06/content_2925677.htm。

运费支出就可节省 250 万美元左右。"①

据 2017 年的统计显示，吉一整年的对外贸易中"独联体国家占 44.9%，独联体以外国家占 55.1%。主要国家占比情况：中国 25.5%，俄罗斯 23%，哈萨克斯坦 14.1%，瑞士 8.1%，土耳其 5.7%，乌兹别克斯坦 4.9%，英国 3.3%，美国 2.5%"②中吉两国不仅在经济领域合作密切，在文化教育领域也增加了交流往来，形成良性互动。"双方多次互办'文化日'活动。我国在吉尔吉斯斯坦建立了 4 所孔子学院"。③

截至 2017 年底，中吉两国的"双边贸易额为 54.5 亿美元，与 1992 年建交时的 3548 万美元相比，增长超过 150 倍。中国对吉尔吉斯斯坦累计直接投资达 38.6 亿美元，继续保持吉第一大贸易伙伴国的地位"。④ 中国在吉投资进行的主要项目有：比什凯克热电站、中吉乌公路、北南公路、灌溉系统改造、奥什医院等。这些项目不仅为当地民众带来了经济收益，更便利了他们的日常生活。

（三）"一带一路"建设中的中吉摩擦

在经济方面，中亚许多国家最常见的顾虑就是担心成为中国商品的倾销地及原材料基地，并在合作加深的过程中沦为中国的经济

---

① 吉尔吉斯斯坦外长："一带一路"带来了新视野和新经济，中国一带一路网，https://www.yidaiyilu.gov.cn/ghsl/hwksl/53926.htm。

② 吉尔吉斯斯坦 2017 年全年对外贸易简况，https://www.yidaiyilu.gov.cn/xwzx/roll/49097.htm。

③ 双边关系，中华人民共和国外交部，https://www.fmprc.gov.cn/web/gjhdq_676201/gj_676203/yz_676205/1206_676548/sbgx_676552/。

④ 商务部：中国已成为吉尔吉斯斯坦第一大投资来源国，http://ydyl.people.com.cn/n1/2018/0601/c413605-30027631.html。

附属。吉尔吉斯斯坦也不例外，这种顾虑也成为中吉经济合作的较大阻碍。

在政治方面，中亚地区多是"总统集权制"国家，"强总统、弱议会、小政府"的政治格局在一定程度上会影响其经济发展的稳定性，加之吉尔吉斯斯坦的战略位置极为重要，长期以来都是美俄等大国争夺的目标。在内外因素的共同作用下，吉国的政治稳定性令人担忧。如果其内部政局的动荡卷土重来，势必会给"一带一路"倡议沿线建设项目造成一定风险。当前，吉国国内的民粹主义重新抬头，部分民粹主义政客为获取民众的政治支持，甚至竭力阻碍中国公司在吉的投资项目。"2014年，吉尔吉斯斯坦国内还发生过极右民族主义组织'四十骑士'袭扰中国人开办的歌舞厅的事件"。[1]

在文化方面，要实现中国文化走出去还需要更长的时间，包括吉尔吉斯斯坦在内的中亚地区当前对于中国文化都尚未展现出主动的向往，尤其是在与俄罗斯文化的对比之下，更体现出中国文化在中亚地区的吸引力和认可度还十分欠缺。吉尔吉斯斯坦政治学家奇奈拜·图尔松别科夫曾说过，吉尔吉斯斯坦的科学、文化、教育、医疗都是以俄罗斯为样板。[2] 这应该使我们反思中国文化该如何走出去，发挥它该有的作用。造成当前的情况并非是因为中国文化不够优秀、不够深厚，而是在文化传播方面，中国似乎正处于一个瓶颈期。如何突破这一瓶颈，让中国文化能够借着"一带一路"倡议的东风更好地被外国民众认识与接受，也是一件值得深思的事情。

在历史方面，领土边界争议等问题成为中国在中亚地区推进

---

[1] 欧阳向英："构建新型国际关系研究——以中国与吉尔吉斯斯坦关系的地缘政治经济学分析为视角"，《俄罗斯学刊》2018年第3期，第66—86页。

[2] 赵华胜："形象建设：中国深入中亚的必经之路"，《新疆师范大学学报（哲学社会科学版）》2015年第4期，第65—67页。

"一带一路"倡议的先天阻碍。尽管中国早已解决与中亚国家的所有边界问题,但是在苏联解体时,中国与中亚国家的边界(即中国与苏联西段的边界)并未划分。"1991年12月苏联解体后,中苏国界西段上,新独立的哈萨克斯坦、吉尔吉斯斯坦和塔吉克斯坦成了中国的新邻国"。[1] 边界问题的谈判对象由此变成中亚三国加俄罗斯,这显然增加了谈判的复杂性和困难程度。尽管中国在谈判中做了很大让步,但是"中国在中亚还是落得了迫使中亚小国割让土地的名声,而中国也缺少向中亚民众说明真相的途径"。[2] 至今,这一苏联时代留下的"消极的历史遗产"在一定程度上还影响着中亚地区民众对中国的主观印象。此外,中苏两国在20世纪60—70年代的长期敌对关系也是如今中国在中亚地区存在"负面形象"的一大重要历史原因。当时中苏关系全面恶化,中亚作为两国交界的前沿阵地,多次发生边境纠纷。1969年的铁列克提武装冲突甚至险些演变成边界大战。两国都通过政治宣传手段,强化对方的"威胁"性。其中,反华宣传在中亚地区影响深远,使得该地区民众对中国有了一个惯性思维和固定印象。这些历史因素都成为中吉合作的一些潜在问题。

三、中吉合作的潜力:优势凸显

对中国而言,吉尔吉斯斯坦属于贸易合作"潜力增长型"的国

---

[1] 徐海燕:《中国与中亚国家边界演变与思考》期刊选粹,人民网,http://cpc.people.com.cn/GB/68742/187710/191095/12464861.html。

[2] 赵华胜:"形象建设:中国深入中亚的必经之路",《新疆师范大学学报(哲学社会科学版)》2015年第4期,第65—67页。

家，因为其与中国的贸易规模较大，且贸易额增长较快，在全球贸易疲软的背景下表现得特别突出。

（一）得天独厚的区位优势

吉尔吉斯斯坦是连接亚欧大陆与中东地区的关键桥梁，也是各国势力东进西出、南下北上的重要之地。吉南部地区与我国南疆地区休戚相关，是中国西北部安全的屏障，也是"一带一路"倡议沿线国家项目建设中联通中国与中亚地区的主要枢纽。

（二）潜力巨大的自然资源

吉尔吉斯斯坦的水资源较为丰富，河流的地表径流量达450亿—600亿立方米/年，储藏量在独联体国家中位居第三，水力发电成为吉国重要的能源开发方向。吉国的黄金与煤的储量也较为可观，汞和锑的储量十分丰富，其中汞储量占独联体国家的首位，锑储量则居世界第三。吉尔吉斯斯坦境内还有世界级的大型矿床，开发潜力巨大。因此，当前吉尔吉斯斯坦的主要产业是采矿业、加工业、能源与农业。中国企业在吉投资最多的也有有色金属、石油以及天然气开采项目。

（三）稳定互信的友好邻邦

正如2018年4月到访中国人民大学的吉尔吉斯斯坦外交部部长所言，稳定与互信是吉中两国关系的最佳描述。中国是吉尔吉斯斯坦的主要战略合作伙伴国，是吉尔吉斯斯坦的可靠近邻。两国之间构筑的信任与友好关系,涵盖政治、经贸、文化交流、安全合作等各个方面"。①稳定互信的友好邻邦是维系"一带一路"倡议的重要纽带,也是中吉能够顺利开展合作的重要原因之一。

(四) 互惠互利的中吉政策

为吸引外商投资,吉尔吉斯斯坦还出台了相应的法律法规。根据投资立法,外国投资者在享有该国国民及法人的待遇,这为外国投资者提供了广泛的权利及保障。为了吸引投资及支持出口,吉尔吉斯斯坦还在境内建立了自由经济区,对区内优秀外资企业予以税收减免等优惠政策。"目前在吉尔吉斯斯坦境内共有 5 个自由经济区(FEZ),即 the Bishkek FEZ、the Maimak FEZ、the Naryn FEZ、the Karakol FEZ 和 Leilek FEZ。促进投资及出口的国家机构是吉尔吉斯斯坦经济部,建立该部门的目的是促进投资、提高出口潜力及吉尔吉斯斯坦的综合竞争力以及发展在吉的公共—私人合伙项目。"②

四、中吉合作的阻碍:"中国威胁论"

"自 19 世纪末西方开始流行'黄祸论'起,中国被视为威胁这

---

① 吉尔吉斯斯坦外长:"一带一路"带来了新视野和新经济——丝绸之路经济带城市合作发展论坛,http://srmf.urumqi.gov.cn/2016n/cxdt/389959.htm。
② 《"一带一路"沿线国家法律环境国别报告》,中国律师,2017 年第 8 期,第 75 页。

一论调就从未彻底地消失。"① 在中吉两国的经贸合作不断深化的同时，吉尔吉斯斯坦国内的"中国威胁论"也愈演愈烈，使两国的合作面临新的困难与挑战。对中国缺乏了解，加之媒体的曲解和误读以及西方媒体的渲染，辅之以吉国本就存在的对中国保有成见的政客的煽动，先入为主的"威胁论"便在中亚地区获得一定共鸣。这严重影响了中国在吉的整体形象，也危害着中吉两国长远的合作与发展。我们必须警醒"中国威胁论"从未散去，中吉双边合作任重而道远。

（一）吉尔吉斯斯坦的"中国威胁论"的具体表现

1."经济威胁"

当中国与吉尔吉斯斯坦的经济往来越发频繁时，一部分持"中国经济威胁论"观点的人便认为中国必将通过经贸关系"控制"吉国的整体经济，包括能源、资源等在内的一切都将受制于中国。

早在 20 世纪 90 年代，就曾有专家提到"非正式边境贸易具有巨大的潜力，若将此考虑在内，中国极有可能在五年之内控制吉尔吉斯斯坦的经济"。② 1996 年 6 月，"时任首都比什凯克市长的吉尔吉斯斯坦著名经济学家西拉耶夫提出，要以邓小平的名字来命名该市的一条街，以此激励本国以中国为榜样，走出一条有自己特色的改革开放之路。于是，这条长 3.5 公里、宽约 25 米来的大街便叫作

---

① 崔远航："十九大以来西方媒体眼中的'中国威胁论'特点与趋势分析"，《对外传播》2018 年第 4 期，第 13—15 页。

② Ross Munro, Central Asia and China, Central Asia and the World, Council on Foreign Relations Press, 1994, P232.

'邓小平大街'"。①

国际货币基金组织（IMF）2017年6月发布的《扩展贷款安排的第三次审查：吉尔吉斯斯坦最新经济形势》中分析了吉尔吉斯斯坦近期经济金融形势及发展前景，特点可总结为：（1）取得一些积极进展，但仍面临困难；（2）经济温和复苏，增长依然疲弱；（3）政治环境依然不稳定；（4）投资和贸易是吉尔吉斯斯坦与中国连接的主要渠道；（5）风险预测——短期前景恶化，中期前景应有所改善。值得注意的是，该报告显示，自独立以来，吉尔吉斯斯坦已与中国签署了超过10项公共投资协议，总价值超过18亿美元（不包括赠款）。在过去的几年里，来自中国的外商直接投资（FDI）超过12亿美元，占该国同期FDI流入总额的30%。目前，就整体而言，吉尔吉斯斯坦的内外需求水平都因地区经济整体疲软而显得心有余而力不足。吉尔吉斯斯坦的经济总量和人均GDP偏低，通货膨胀压力大，国内经济结构同质化严重，在中亚五国和独联体国家中属于相对不发达的国家。

随着"一带一路"倡议的推进，中国在吉国投资规模不断扩大，中吉两国的贸易互补性与相互依赖性程度不断加深，但却出现一个现实问题——两国的贸易结构失衡较严重。一方面，中吉的进出口商品结构单一：吉国主要向中国出口铜、铝、铅及其制品，钢铁、矿物燃料等资源类产品，以及皮革、羊毛等初级加工的农副产品，总体种类单一且加工水平较低；反观中国，出口到吉国的主要为服装、鞋子等纺织与皮革制品，以及一些机械和电子设备，总体的产品档次也不高，并没有体现出中国制造业的水准。另一方面，吉尔

---

① 吉尔吉斯斯坦的"邓小平大街"，新华网，http://www.xinhuanet.com/photo/2013-09/11/c_125369777_4.htm。

吉斯斯坦制造业无法与中国的制造业相抗衡,在中国廉价的生活产品面前,吉尔吉斯斯坦制造业的竞争力被无形中削弱。这些都使一些人担心中国经济的快速增长将会摧毁吉国的产业,极强的不安全感让他们试图限制中国商品流入吉国市场。这些被无限放大的恐惧甚至引发严重的社会问题,早在2010年比什凯克发生暴乱时,中国"国英"商城就被无情焚毁,中国商人还遭到袭击与抢劫。2018年1月,"吉尔吉斯斯坦农业、粮食和土地开垦部副部长艾尔肯·乔度耶夫更是以不符合欧亚经济联盟标准为理由,限制从中国进口肉类"。[①]

有一部分吉尔吉斯斯坦的生意人担心中国企业进入吉国之后会严重影响其原本的工作,担心中国产品会侵占吉国的消费市场。吉尔吉斯斯坦国家移民局长艾达拉里耶夫曾在议会会议上提到,吉国70%的外国劳务人员都来自中国,再加上媒体不负责任地渲染"中国经济威胁论",使当地民众更加惶恐不安。于是,有些人便主观地将自己的失业归罪于中国企业不雇佣吉本国的工人。例如,2011年,吉国自然资源部就将百余家中国企业的矿权证吊销;在矿区甚至还发生过居民阻挠外国公司矿区正常生产的情况,导致部分中国企业被迫撤离。

还有一部分吉国议员与民众担心如果加深与中国的合作,吉尔吉斯斯坦终将变成中国的经济附庸,甚至有吉国当地的媒体这样说过:"政府越忽视移民问题,我们就越有可能成为中国的(某个)省。未来吉尔吉斯人或许将为重建吉尔吉斯斯坦而奋斗!"[②] 我们可以明显感受到此番言辞情绪之极端,也就不难理解为何吉国的极端

[①] 欧阳向英:"构建新型国际关系研究——以中国与吉尔吉斯斯坦关系的地缘政治经济学分析为视角",《俄罗斯学刊》2018年第3期,第66—86页。
[②] Sébastien Peyrouse, Discussing China: Sinophilia and Sinophobia in Central Asia, Journal of Eurasian Studies, Issue 7, 2016, pp. 14 - 23.

民族主义组织会堂而皇之地"指责"中国人在吉尔吉斯斯坦的经济活动"危害"了吉国的传统和文化。

2."政治威胁"

吉尔吉斯斯坦对于中国"政治威胁"的担忧与顾虑其实也是以"经济威胁"为起点而产生的。"中国威胁"者们害怕随着中吉经贸合作的加深，国内经济命脉被把控，在成为中国的经济附庸之后，政治主权也由此丧失。他们认为当综合实力足够强大之后，中国就会开始热衷于成为"地区霸权"，实现"中华帝国"在中亚地区新的"统治"。"经济威胁论"的盛行为"政治威胁论"提供了更加广泛的舆论基础，进而再由民粹主义政客在议会通过一些阻碍中吉合作的规定予以配合。[①] 尽管在中亚一部分人认为与中国关系是友好的，但是更多人则默认这种友好关系仅是暂时的。2003年，吉尔吉斯斯坦曾发生上千人的抗议行动，原因是吉国议会批准了一项在1999年就已达成的协定，[②] 该协定将86000公顷争议土地划给中国。由此可见，吉国对于中国的"不信任感"既扎根于历史，又极大地影响着现在。

吉尔吉斯斯坦国内政治本身也充满着各种矛盾与冲突。吉国总共有84个民族，其中71%是吉尔吉斯族，14.3%是乌兹别克族，7.8%为俄罗斯族。因此，它同所有多民族国家一样，面临着极其复杂又矛盾的民族问题，国内各地区与民族之间存在众多分歧和差异。另外，吉国对于政治的高度敏感还与其历经了多次政权更迭有关。尽管2005年的"郁金香革命"和2010年的"玫瑰革命"看似都是

[①] Adiljan Umarov & Dmitiry Pashkun: Tensions in Sino-Central Asia Relations and their Implications for Regional Security, Conflict Studies Reserch Centre, January, 2006, p3.

[②] 中华人民共和国和吉尔吉斯共和国关于中吉国界的补充协定，http://www.npc.gov.cn/wxzl/gongbao/2000-12/17/content_5008968.htm。

吉国内部的政治斗争,但实际上也掺杂了美俄等外部因素。吉国由于特殊的地理位置,长期以来是美俄等大国博弈的重点地区。大国斡旋下的吉尔吉斯斯坦面临来自各方的压力,无形中被众多别有用心的媒体报道所影响,知之甚少却实力悬殊的邻国——中国自然引起吉国强烈的不安。于是,吉国的民粹主义开始抬头,部分民粹主义政客为博得民众的政治支持,阻碍中国公司在吉投资项目的建设。

3. "其他威胁"

在经济、政治双重"威胁"的夹击下,吉尔吉斯斯坦还衍生出有关"中国威胁论"的其他论调,例如"资源威胁论""人口威胁论""领土威胁论"等。其中,"资源威胁论"者们认为中国的能源已无法支撑当前中国经济的迅猛发展,因此急需从外部获取能源。自然资源丰富且近在咫尺的中亚地区便成为中国最理想的选择,他们甚至还认为有不排除用武力掠夺的可能。

"一带一路"倡议之后,中吉两国贸易往来的深化使大量的中国商人来到吉尔吉斯斯坦。据吉国家移民局的数据显示,在吉尔吉斯斯坦2018年外国劳务人员的总数中有70%为华人。这令吉国民众感到不安。"人口威胁论"认为快速增长的中国人口将会通过向外输出的方式(包括非法偷渡),"入侵"包括吉尔吉斯斯坦在内的人口相对稀少的中亚国家,中国将成为"破坏"中亚地区领土完整的"潜在威胁"。从古至今,中亚地区与中国西部的领土边界问题一直存在争议。"沙俄吞并中亚后,借中国内乱派军队到新疆,迫使清政府签署一系列不平等条约,将这些领土从满清政府掠夺过去。在苏联时期,出于自身利益考虑,苏联在中国西部推行大国沙文主义,甚至企图控制中国新疆地区"。① "领土威胁论"者们认为中国始终"惦记"着收复历史上曾拥有的中亚地区的领土,"巩固"自己在该地区的地位,由此又引发了"霸权威胁论",即中国会逐渐成为"亚洲霸权",从政治、经济、军事上对中亚地区的国家进行全面的"控制"。

(二)"中国威胁论"的本质

"中国威胁论"起源于后冷战时代下的"零和"思维。这一论调最初是在20世纪90年代由美国等西方国家传出的。当时的一些学者的文章中就出现了与"中国威胁论"相关的内容,具有代表性的诸如:日本学者村井友秀的《论中国这个潜在的威胁》、美国学者罗斯·芒罗的《觉醒的巨龙:真正威胁来自中国》以及其与理查德·伯恩斯坦合著的《即将到来的中美冲突》等。

究其根源会发现,"中国威胁论"之所以会产生,无非源于两方面:一.这些国家面对快速发展的中国而产生自身危机感,并试图通过舆论烟雾弹来制约中国的发展;二.国强必霸是近代西方大国崛起的铁律,他们顺延着这一历史逻辑,坚定地认为中国也无法摆脱这一定律。他们认为崛起的中国必将挑战美国的霸主地位,重塑世界政治经济秩序,于是"中国威胁论"应运而生。它自始至终是用西方的惯性思维对中国发展进行带有目的性的假设和推测。"这种舆论的危害在于:它为中国树立了一种先验的负面形象,不管中国事实上有无'威胁',它都被先入为主地看作'威胁'。"②

---

① 焦凡:"影响中亚的各种消极文化力量研究",兰州大学硕士论文,2009年。
② 赵华胜:"形象建设:中国深入中亚的必经之路",《新疆师范大学学报(哲学社会科学版)》2015年第4期,第65—67页。

中国人民大学教授陈岳认为,"中国威胁论"概括来说就是指"认为中国的经济发展会导致军事实力的增强,从而对亚洲及世界的和平与稳定构成威胁的观点、理论和思潮"。① 具体来说,"中国威胁论"可细分为"经济威胁论""政治军事威胁论""文化威胁论"等多种理论。简而言之,在持有该理论的人眼里,无论是中国经济实力的增长,还是军事实力的提升,抑或是中国文化的传播,只要中国发展,就必然会对世界和平产生"威胁"。这一论调能在几十年内在世界范围广泛传播,以至于被众多国家所接受,也从侧面印证了陷入"修昔底德陷阱"的国家的确不在少数。

(三)吉尔吉斯斯坦的"中国威胁论"缘何而来

当前在吉尔吉斯斯坦盛行的"中国威胁论"主要表现为经济、政治等领域的"威胁论",其核心都在于强调中国对吉国的经济"入侵",并煽动吉国本国的民粹主义情绪。吉尔吉斯斯坦盛行的"中国威胁论"产生的原因究竟有哪些?

1. 西方"中国威胁论"思潮的传播

近年来,吉尔吉斯斯坦社会矛盾尖锐,民粹主义情绪高涨。与此同时,伴随着中国与中亚几个大国之间的频繁互动,西方反华势力抓住时机,不遗余力地在中亚散布"中国威胁论"。在短期内,这股来自西方的"中国威胁论"思潮不可能被完全消除,而且必将阻碍中吉两国的经贸合作和基础设施建设。

---

① 陈岳:《中国国际地位分析》,当代世界出版社2002年版,第13页。

2. 苏联时期留下的历史影响

历史上中苏关系恶化后，大量源自苏联的反华宣传，在包括吉尔吉斯斯坦在内的中亚国家中盛行，刻画中国的"负面形象"，从而固化了当地民众对于中国的整体印象。时至今日，吉国许多民众对中国的了解依旧停留在当时。这自然成为之后"中国威胁论"得以滋生的历史土壤。

3. 中吉综合国力的非对称性

中吉两国地缘邻近，但国家发展水平却差距较大，不平衡的经济力量对比势必会对双方的合作互动产生一定的影响。相对弱势的一方会感到更多的压力与担忧，由此产生更重的戒备心，这种不安在别有用心的媒体或政客的渲染下，极易变成助长"威胁论"的舆论催化剂。由于中吉两国在经济实力和人口基数等方面存在较大差距，两者是非常明显的"非对称性"国力对比。中国是吉尔吉斯斯坦最大的债权国，也是其最大的投资来源国，当信息不对称造成的误解来不及解释时，"中国威胁论"所造成的负面影响也就像滚雪球一样越来越大。吉尔吉斯斯坦的"中国威胁论"便是糅杂了这些复杂情绪与心理的综合反映。

4. 吉尔吉斯斯坦民众对于中国普遍缺乏了解

吉尔吉斯斯坦国内的主流媒体对中吉经济成效的宣传力度不足，导致大部分民众的对华认知依旧停留在苏联时期，严重影响了吉国民众对中国的正确了解。此"了解"可从两个层次进行概括，"一是在高级政治层次上，他们对中国的合作构想不清楚；二是在低级政治层次上，中亚绝大部分精英和民众对中国社会和生活知之甚少"。① 其中，吉国民众对中国的了解和整体印象需要格外注意，因为它会最直接地影响两国合作的实践效果。在话语权尚未真正建立之前，民间流传的话语往往成为固化一国形象的主要途径。显然，目前中吉两国的民间交流相对较少，吉国普通民众对于真实的中国总体缺乏认识。倘若无法明白"一带一路"倡议对中吉两国发展的重要意义，加上历史"消极遗产"的作用，吉国民众极易对快速发展的中国感到不安，这些将共同构成非常适宜"中国威胁论"发酵的社会环境。

5. 吉国国内对华不友善的社会力量

吉尔吉斯斯坦国内仍存在对中国态度极不友善的社会力量，他们对中国抱有成见，甚至在"国内政治斗争时也常常把中国'拖下水'，使中国成为其斗争的'牺牲品'"。② 这些都在无形中恶化了中国在吉的形象。

6. 媒体与舆论的作用

当前，对于绝大多数吉国民众来说，直接到中国实地感受中国文化的机会很少，正如大部分中国人也不太有机会到吉尔吉斯斯坦去一样。因此，媒体就成为中吉两国民众获取彼此国家信息最主要的途径。然而现实却不容乐观，中亚地区和西方的一些媒体似乎都比较"关心"中国的负面消息，热衷于用西方的惯性思维来解读中国，甚至通过选择性的报道来曲解中国。这些刻意负面解读中国的

---

① 赵华胜："形象建设：中国深入中亚的必经之路"，《新疆师范大学学报（哲学社会科学版）》2015年第4期，第65—67页。
② 同上。

媒体报道所形成的世界范围内的舆论,进一步渲染了"中国威胁论",散布了对中国的"恐惧"。有学者指出,"中亚地区现存着各种舆论都在夸大曲解中国在该地区的合作建设,将此渲染成中国在中亚的'扩张'"。① 如此一来,关于中国的负面报道及舆论又反过来成为"中国威胁论"新的来源。

7. 中国对外传播存在的问题

"中国威胁论"之所以盛行,除了因为那些别有用心的国家、政客及媒体之外,我们还应该检视自身的外宣与外交方面的工作是否存在某些不够妥当之处,以至于加速了"中国威胁论"的滋生与传播。既要显示实力,又不能过分强硬;既要体现关怀,又不能显得软弱。如何避免程式化的外宣外交手段,不卑不亢地向吉国民众讲述好"中国故事",这注定是推进"一带一路"倡议的一个重大考验,也是化解"中国威胁论"的重要切入点。

随着中吉两国的经贸合作不断加深,中国的资金、企业大量涌入吉国市场。面对综合国力日益增长的中国,吉尔吉斯斯坦的对华心态趋渐复杂,在各方因素作用下,"中国威胁论"逐渐升温。

(四) 如何化解吉尔吉斯斯坦的"中国威胁论"

随着中国和平崛起步伐的加快,周边国家与中国的关系"近而不亲"成为基本现状。如何才能冲破"中国威胁论"的笼罩?将中吉两国民众的心拉得更近一点?

---

① Fozil Mashrab, Xi Jinping brings out Central Asia critics, Sep 24, 2013. http://www.atimes.com/atimes/Central_Asia/CEN-01-240913.html.

首先，要明确中国"一带一路"倡议的目标和中国与周边国家"睦邻、安邻、附邻"的外交政策。中国始终坚持走合作共赢、互惠互利的和平发展道路。中国与吉尔吉斯斯坦展开频繁密切的多领域、多层次的友好合作，是为了使两国能够更好地发展，实现双赢，并不存在争夺吉国主导权的问题，更无意称霸中亚。中国不仅能为吉尔吉斯斯坦提供一个巨大的市场，还可带去丰富的资金和先进的技术，这些都将促进吉尔吉斯斯坦经济更快更好地发展。同时，中吉合作反恐，维护地区安全的努力也将为两国未来的发展保驾护航。与其他别有用心而不切实际的"威胁论"相比，中吉两国众多的共同利益才是坚实的合作基础。"一带一路"倡议旨在促进中吉两国的交流与合作，维持地区稳定。

其次，涉及如何能把中国的立场和态度正确地传达出去，让吉尔吉斯斯坦方面能够准确理解"一带一路"倡议。这需要依靠高质量的对外宣传。如果无法正视并解决内在问题，即便外界的困难都已克服，仍然无法彻底化解"中国威胁论"。2013年8月19日，习近平在全国宣传思想工作会议上指出："要精心做好对外宣传工作，创新对外宣传方式，着力打造融通中外的新概念新范畴新表述，讲好中国故事，传播好中国声音。"① 外宣工作的重要性和复杂性可见一斑。同理，在吉国的宣传也必须用吉国民众能接受的方式来讲述"中国故事"。外宣工作与外交工作的失衡以及方式技巧上的失当是助长"中国威胁论"的重要内在因素。国防科技大学国际关系学院战略与安全研究所执行所长刘强指出，中国外宣外交工作中的问题主要表现在：一、二者频率不一致；二、"中国故事"讲述方式不当；三、宣传内

---

① 习近平：《意识形态工作是党的一项极端重要工作》，新华网，http://www.xinhuanet.com/politics/2013-o8/20/c_117021464_2.htm。

外界限模糊以及外交理解偏差。① 生硬地过分彰显"肌肉"的外宣有时往往会适得其反，在吉国的宣传若想不陷入同样的困境，就要避免用程式化的僵硬手段去彰显实力，让外宣与外交协调同步，掌握国家形象的话语权，构建完善的对外话语体系，用官方的手段去减少无意或刻意曲解中国外交策略造成的"中国威胁论"。其实，"人类命运共同体"的提出就是对当前盛行的"中国威胁论"最强有力的回击，它跳出大国之间的"修昔底德陷阱"，摒弃了民族国家之间的争斗，超越了原有的国际关系范式，体现了中国和平崛起的决心和意志。2018年3月8日的两会记者会上，外交部部长王毅就明确表示："'中国威胁论'虽然有了新的翻版，但却更加不得人心。因为事实胜于雄辩。只要不怀有偏见，不奉行双重标准，从中看到的绝不是什么威胁，而是满满的机遇。所谓'中国威胁论'可以休矣。"② 中国必须要以长远的战略眼光，发挥积极性和创造性；将对周边国家的战略理念与规划嵌入命运共同体之中；努力构建"对话而不对抗、结伴而不结盟"的新型伙伴关系；与周边国家"不冲突、不对抗、相互尊重、合作共赢"，与周边国家"平等相待、义利相兼、义重于利"。

再次，中国应当密切关注吉国的政治和安全形势的新变化。吉国的政治稳定性令人担忧，法制建设有待完善，政府的腐败程度较高，工作效率低下。这些都会增加中国企业在吉投资环境的不确定性。如果吉尔吉斯斯坦政坛再次陷入混乱，其错综复杂的社会矛盾势必会增加"一带一路"倡议沿线建设的困难与风险。因此，必须密切关注吉国的社会动向，保持高度的敏感度，通过对吉国政府、媒体、民间机构及民众的接

---

① 刘强："新一轮'中国威胁论'的内因检视及对策思考——中国对外宣传的技术误区因素分析"，《世界经济与政治论坛》2018年第4期，第74—90页。
② 王毅：所谓"中国威胁论"可以休矣，中华人民共和国外交部，https://www.fmprc.gov.cn/web/wjbzhd/t1540485.shtml。

触和了解,拥有应对临时紧急状况的能力。此外,大力发挥智库作用,对吉国存在的"中国威胁论"等论调进行研究分析,在理论与实践上积极应对有可能出现的问题;大力促进中吉两国的民间交往,要想让两国的民心相通,就必须增加沟通交流的机会。只有两国民众互相熟悉,互通民情民意,才能真正减少产生误解的概率。事实胜于雄辩,用眼见为实去粉碎"中国威胁论"无疑是最有效果的。

最后,在吉国发展的中国企业要加大对吉尔吉斯斯坦的投资力度,帮助促进当地的经济发展,扩大对华出口比例,加深中吉两国的双边经贸联系。在吉国的中国企业本身就是中国形象的缩影,因此务必要有长远的目光,绝对不能搞违法违规经营,不能让"中国威胁论"有发酵的余地。

"良好的企业形象能够展现中国'和而不同'的胸襟与气魄,减少沿线国家民众对'一带一路'倡议和中国企业的抵制情绪。"[①]毫无疑问,这对吉尔吉斯斯坦民众接受"一带一路"倡议下的中吉合作有十分重要的意义,通过真心实意的合作与援助,消除吉国民众对中国企业的顾虑,既能有力地反驳"中国威胁论",也将巩固中国作为负责任大国的形象。

五、中吉关系的未来

对于中国而言,在鼓励中国的民营资本加入的同时,也必须建

[①] 李篆、叶楠:"'一带一路'下国企海外形象建设的策略",《现代国企研究》2015年第21期,第44—51页。

立完善的经贸投资风险评估机制,保障中国企业在吉投资的安全。同时,在"一带一路"倡议下,中国还需要重视中亚地区的投资平衡性问题,抓住各国的显著优势,有针对性地进行投资与合作,不断探索与吉尔吉斯斯坦合作的新方式。为了使中吉两国的合作在未来有更好的发展,中国的政府、企业甚至是普通民众能做的还有很多。

(一) 政府机关

由于吉尔吉斯斯坦的战略地位十分重要,"它成为当前国际社会上唯一同时拥有美俄两国军事基地的国家"。[①] 随着各国与吉尔吉斯斯坦合作交流的不断加深,这块"战略高地"上大国间的博弈也在无声无息地进行着,时刻影响着吉国的发展。因此,奉行平衡外交的吉尔吉斯斯坦在与中国进行合作时,自然要权衡一下与美国、俄罗斯的关系,这无疑给中吉两国的合作增加了一些无形的阻碍。然而,"年轻的中亚国家最不想夹在两个关系紧张的国家之间,奉行'东张西望'的外交政策"。[②] 所以,中国政府在与吉国进行合作时要注重把握"度",不要像美俄那样施压,令吉国在合作之余还有负担。同时,要认清美俄两国对吉尔吉斯斯坦的影响与作用,一方面要避免出现正面冲突,另一方面要注意把握时机、韬光养晦,努力与吉国进行深层次、多领域的合作,发挥国际组织的作用。对于吉尔吉斯斯坦而言,在保证国内政权的稳定性之后,务必趁着两国合

---

① 徐海燕:"吉尔吉斯斯坦政府动荡解析——'郁金香革命'的再现?",《陕西学前师范学院学报》2010年第3期,第33—37页。

② 奥斯莫纳昆·易卜拉伊莫夫、杨波:"上海合作组织:希望与期待——吉尔吉斯斯坦视角",《国际观察》2009年第6期,第63—70页。

作共赢的东风,加快合作建设的步伐,充分发挥本国优势;重视与上合组织的互动,留意与欧亚联盟、国际组织等众多多边机制的互动与对话。

2018年6月,吉尔吉斯斯坦总统热恩别科夫在出席上海合作组织成员国元首理事会会议前接受采访时表示,"上合组织成立17年来走出来一条宽广而光明的道路,已成为各个国家与民族间互相尊重和互相信任的典范,为和平、和谐与进步打造了坚实基础"。[①]

在上合组织的框架下,中国与中亚国家开展了安全、经济、军事等多方面的双边合作,保持着多层次、多领域的密切接触,进一步深化政治互信。在这些交流合作中,中国始终坚持和平共处五项基本原则,坚持睦邻友好的外交策略。

(二) 企业公司

中亚地区有众多的中国企业乘着"一带一路"的东风,不断地发展壮大,得到了一些肯定,但不能因此忽略存在的问题。如何才能树立好在吉中国企业的整体形象,是影响中吉关系的一个重要议题。

据《中国企业海外形象调查报告(2014亚太版)》显示,中国企业的平均得分为2.93分(满分5分),远低于德国企业(3.83分)、日本企业(3.64分)和美国企业(3.63分)。曾任驻吉尔吉斯斯坦大使的姚培生就提到"我国企业在快速推进'走出去'过程

---

① 上合组织引领吉中合作稳步发展,搜狐新闻,http://www.sohu.com/a/234214582_114731。

中过于粗放，在一些国家留下负面印象。"① 直观的数据显示，中国企业的海外形象总体上仍处于较低水平。在吉国的一部分中国企业"利用混乱的社会局势和当地法律漏洞谋取暴利，与当地民众的冲突频发"，严重损害了中国企业在吉尔吉斯斯坦的整体形象。由此可以理解，吉国民众最根本的担心就是本国产业被中国企业"吞并"，市场被中国商品"霸占"，在带来资金、技术和就业率好处的同时也带来无形的"威胁"。以上都是吉尔吉斯斯坦近年来"中国威胁论"愈演愈烈的重要原因。要想切断这些论调的源头，企业必须从自身做起。

首先，要有拿得出手的中国产品和中国品牌。打造中国自主研发的产品，提高产品及品牌的知名度，用优质的服务、高质量的产品去赢得当地民众的尊重和认可。对于在吉国的劣质的"中国制造"产品进行严格的整治，对不规范的企业进行及时处理，维护好中国企业的整体海外形象。

其次，要加强对当地文化的了解，真正融入吉国社会。接受差异性的存在，在一定程度上理解当地民众对于外国企业的抵触心理，多想想吉国民众需要的是什么样的外国企业，而不是一味地输出中国文化、中国理念，求同存异、因地制宜，才是最智慧的。不仅企业产品或工程项目要结合当地的环境与文化，企业的员工也应当慢慢融入当地社会，加强与吉国的民间交流互动。

再次，要勇于承担企业的社会责任，提高企业公益活动的参与度，可以从职业技术培训、就业咨询、环境保护和维护社会公平等公益项目着手。一个愿意在公益活动方面认真踏实做实事的企业，

---

① 李累、叶楠："'一带一路'下国企海外形象建设的策略"，《现代国企研究》2015年第21期，第44—51页。

一定更容易赢得当地民众的认可。这对中国企业形象的树立和维护是大有益处的。

最后,要做好舆论攻坚战的准备,提高企业公关宣传能力。企业员工要对当地新闻媒体、民众舆论有一定的敏感度,能用当地民众喜闻乐见的方式宣传中国企业,做到事半功倍。同时,要建立透明的信息公示制度,及时、准确、主动回应民众的关心或质疑,不回避、不扯皮,做好舆论引导工作。

(三) 普通民众(尤其是留学生)

尽管经贸往来在中吉两国的合作中占据了较大的比重,但是"脱离于文化合作的贸易就仿佛一具没有灵魂的躯壳"。[①] 在文化合作方面,留学则是其中的重要组成部分,随着中文热在全球流行起来,吉尔吉斯斯坦的年轻人也对中文有了更多的兴趣,来华留学的人数也在逐年增加。对于中国年轻人来说,随着"一带一路"倡议的提出,中亚也成为一个让人更想了解的地区。在这样的大趋势下,中吉两国的民间往来与文化交流注定会更加频繁,这对于消除吉国对中国的误解、破除"中国威胁论"有十分重要的意义。

赴吉求学的中国留学生应当多与当地同学交流,多参与本地活动,用包容开放的胸怀去拥抱吉国文化。在日常生活中,也应当适时向当地同学介绍中国。在外的中国留学生是中国的另一面镜子,是展现当代中国青年风貌的一个重要视角,也在无形中扮演着传播中国文化的角色。而对于来华的吉国留学生,我们也当尽地主之谊,

---

[①] 奥斯莫纳昆·易卜拉伊莫夫、杨波:"上海合作组织:希望与期待——吉尔吉斯斯坦视角",《国际观察》2009年第6期,第63—70页。

努力帮助他们早日适应中国的生活，让他们接触到最真实的中国。无论是留学交流，还是两国的民间文化互动，最重要的是提供了一个机会，让不同国度的人们可以真切地了解那些曾经停留在新闻杂志上、影视作品中的国家。多一份了解就离打破谣言、化解误会更近一步，化解吉尔吉斯斯坦的"中国威胁论"亦是如此。

吉国前总理卓奥玛尔特·奥托尔巴耶夫在谈"一带一路"经济建设需注意的方面时提到了五点："第一，一定让当地民众能够参与其中；第二，一定要有法治，如果国家想要获得投资、吸引到投资者，必须要有很好的立法；第三，要反腐败；第四，要发展基础设施；第五，要加强公共管理，用立法去解决腐败的问题。"[①] 2019 年是中吉两国建交 27 周年，两国同为地处亚洲的发展中国家，如若能在今后的建设中注意以上五点建议，想必在能源、交通、基础设施等各个领域将有更深更好的合作。另外，中国与吉尔吉斯斯坦由于特殊的地缘因素，两国的反恐部门如果能进一步交流与共享涉恐情报，加强安全合作，互相提供必要的安全援助，必定能够有效地打击"三股势力"。

当前中吉两国的合作，有时势必还会被"中国威胁论"的阴云笼罩。中国应当显示出大国应有的胸怀，理性看待外界的评价。中吉两国未来的合作，风险与机遇并存，注定不可能是一帆风顺，但也不必过于担忧。应当看到两国的优势和潜力，前有悠久的历史做基础，后有"一带一路"倡议来加持。在带动两国经济发展，促进地区稳定与繁荣的同时，也能够为中亚乃至世界其他地区的发展中国家和人民带去新的发展经验。只要找准共同利益，充分借助双边、

---

① 吉尔吉斯斯坦前总理卓奥玛尔特·奥托尔巴耶夫，央广网，http://finance.cnr.cn/zt/bjxxsc/ltzb/20151020/t20151020_520205185.shtml。

多边合作机制,努力为"一带一路"倡议创造良好的环境,加强民间沟通和往来,就一定能守得云开见月明,最终实现中吉两国的共荣共赢。

深化中国与乌兹别克斯坦旅游合作的潜力与挑战

陈虹洁*

【摘　要】　乌兹别克斯坦共和国地处中亚的中心，历史文化悠久，旅游资源极为丰富，堪称丝绸之路上的明珠。在"一带一路"倡议的推动下，中国与乌兹别克斯坦的合作提升到了新高度，也为两国深化旅游合作创造了新契机。中国与乌兹别克斯坦加强旅游合作，有着广阔的需求和坚实的基础，也有政策保障和难得的机遇，双方应抓住中乌关系全面发展的大好时机，大力开拓在旅游领域的合作，持续推动文化交流和民间交往。中国与乌兹别克斯坦加强旅游合作拥有巨大的潜力，但在旅游合作制度、设施建设和安全保障等方面也面临诸多挑战。只要中乌双方重视发挥潜力，协调解决旅游合作中的困难，未来中乌旅游合作发展前景广阔，将为"一带一路"倡议沿线建设再添新成果。

【关键词】　一带一路；乌兹别克斯坦；旅游合作

---

* 陈虹洁，华东师范大学人文与社会科学研究院教师，研究方向为国际商务、国际政治。

深化中国与乌兹别克斯坦旅游合作的潜力与挑战

乌兹别克斯坦共和国位于中亚腹地,作为世界上仅有的两个双重内陆国之一,其地理位置优越,处于中欧中亚交通的十字路口。乌兹别克斯坦是中亚五国中人口最多的国家,也是一个多民族国家,文化独特,历史悠久。乌兹别克斯坦是著名的"丝绸之路"古国,早在两千多年前,"丝绸之路"就已将这块土地同东方文明联系在一起。虽然乌兹别克斯坦不与我国接壤,但两国之间的交往历史源远流长,彼此都将对方视为友好邻邦。

中国与乌兹别克斯坦共和国于1992年1月2日正式建交,两国关系越发展越亲密,2012年建立了战略伙伴关系,2013年签署了《中乌友好合作关系条约》,2016年建立了全面战略伙伴关系。中乌建交28年来,在双方的共同努力下,两国已建立起真诚互信和互利共赢的全面战略伙伴关系。近年来,中乌两国高层交往密切,政治互信牢固,合作范围不断扩大,尤其是在"一带一路"框架下紧密合作,实施了一系列大型合作项目,给两国人民带来实实在在的好处。习近平总书记曾指出,乌兹别克斯坦是最早支持和参与"一带一路"建设的国家之一,"一带一路"建设早已成为两国合作的战略主线,双方在此框架下开展各领域互利务实合作,成果丰硕。因此,两国应继续加强发展战略对接,深挖各领域潜力,规划好重点方向、领域和项目,推动中乌在"一带一路"建设合作中取得新进展。

近年来,中乌两国在教育、科技、文化、体育、旅游等领域的合作不断加强。双方签署了旅游合作协议,乌文化艺术论坛基金会与中国宋庆龄基金会等中方机构建立并保持了良好的合作关系,中国每年都派文化团体赴乌兹别克斯坦参加撒马尔罕"东方韵律"国际音乐节、国际时尚周等活动。越来越多的乌兹别克斯坦年轻人前往中国学习中文,了解中国的历史文化。乌兹别克斯坦开设汉语专业的高校数量逐渐增多,塔什干孔子学院已成为开展汉语教学、传播中国文化的重要基地。① 加强中乌友好交往是大势所趋,随着相互了解的加深,中乌两国民众相互走近的愿望也更加强烈。乌兹别克斯坦政府对旅游业的发展越来越重视,因此旅游业可成为中乌两国深化合作的重点领域,成为推动"一带一路"倡议中乌合作的重点方向。中国与乌兹别克斯坦开展旅游合作具有巨大潜力,但与此同时,我们也不能忽视合作中可能面临的挑战。

一、深化中乌旅游合作的潜力

乌兹别克斯坦资源丰富,市场广阔,是中国在中亚地区的重要合作伙伴。2017 年,中乌双边贸易额 42.2 亿美元,同比增长 16.9%。2018 年 1—11 月,中乌双边贸易额为 56.69 亿美元,同比增长 51.1%。其中,中方出口 35.59 亿美元,同比增长 46.3%;中方进口 21.1 亿美元,同比增长 59.9%。② 据乌兹别克斯坦国家统计委员会统计,2018 年 1—11 月,乌新增外企 2633 家,其中新增中企 302 家。在乌外企总数有 7371 家,中资企业达 1114 家,排名第二,仅次于在乌俄罗斯企业数量。③ 中国已连续四年成为乌兹别克斯坦第一大投资来源国,累积对乌投资额超过 78 亿美元,双边贸易额与建

---

① 驻乌兹别克斯坦大使接受乌主流媒体联合采访. 国务院新闻办公室, 2011 年 4 月 19 日, http://www.scio.gov.cn/m/hzjl/zxbd/wz/Document/894856/894856.htm。

② 中国同乌兹别克斯坦的关系. 外交部, 2019 年 4 月 16 日, https://www.fmprc.gov.cn/web/gjhdq_676201/gj_676203/yz_676205/1206_677052/sbgx_677056/。

③ 中华人民共和国驻乌兹别克斯坦共和国大使馆经济商务参赞处, 2018 年 12 月 16 日, http://uz.mofcom.gov.cn/article/jmxw/201812/20181202817256.shtml。

交之初相比增长约 100 倍，中国已成为其最大的贸易伙伴。① 在上海合作组织框架下，中乌合作取得更多丰硕成果。在"一带一路"背景下，中乌两国深化旅游合作拥有巨大潜力。

（一）乌兹别克斯坦旅游资源丰富

乌兹别克斯坦境内拥有大量值得观赏的文物古迹与人文景观，历史上的乌兹别克斯坦作为古丝绸之路上的重要一站，成为东西方文化、经济交流的桥梁。乌兹别克斯坦的名城塔什干、撒马尔罕、希瓦、布哈拉等，都曾是不同时期中亚文明的典型代表。这片土地上也曾涌现出诸如伊本·希拿、兀鲁伯、纳沃伊等为人类文明进步做出重大贡献的科学家、文学家。乌兹别克斯坦地跨阿姆河、锡尔河流域，自古以来属于中亚地带较为富庶的地区，不仅商贸景象繁盛，而且拥有众多名胜古迹，被誉为印证中亚历史、文化的"活教科书和博物馆"，每年都有大批来自世界各地的游客前来参观游览。

乌兹别克斯坦的国土面积排在世界第 56 位，地理环境复杂多样，自然资源较为丰富，是中亚地区经济发展最快的国家。乌兹别克斯坦素有"四金之国"的美称，即"白金"——棉花、"黄金"——金矿、"蓝金"——天然气、"乌金"——石油。这"四金"是其国民经济的支柱性产业，可谓"乌国四宝"，年产量在世界上排名靠前，不仅黄金储量在世界上排名第四位，天然气储量也

---

① 驻乌兹别克斯坦大使：中乌在上合组织框架下合作成果丰硕. 中国新闻网，2018年5月30日，http://finance.chinanews.com.cn/gn/2018/05-30/8526195.shtml。

非常丰富（世界第七）。① 乌兹别克斯坦拥有优美又独具特色的自然环境，境内的沙漠、山区、河谷气候区的结合，为发展旅游业开辟了广阔的前景，一年四季都有供游客观赏的景点。乌境内分布着众多河流，它们既是饮用水的主要来源，也是旅游度假的好去处。乌兹别克斯坦的地下水探明可开采量达 900 立方米/秒，有 100 多处水源，2/3 分布于山区，1/3 分布于平原，主要在阿姆河三角洲。还有含硫化氢、碘和硫酸盐氯化钠的矿化水资源及碱温泉水，主要分布在恰尔达克、纳曼干、塔什干、费尔干纳、巴哈萨、卡拉库里、加兹利等地。

乌兹别克斯坦人民勤劳质朴、热情好客，当地各民族居民能够和睦相处。乌兹别克斯坦共和国的主体民族是乌兹别克族，到 2012 年占人口总数的比例超过 80%，约占人口总数的 3/4。其他中亚民族超过 10%（塔吉克族占 4.5%、哈萨克族占 2.5%、卡拉卡尔帕克族占 2%、吉尔吉斯族占 1%），俄罗斯族和其他斯拉夫民族（乌克兰族、白俄罗斯族等）占 5%，此外还有鞑靼、朝鲜、土库曼、维吾尔、犹太等众多民族。② 最近十余年来，民族关系趋于和谐，没有出现移民的浪潮，境内很少发生民族冲突。乌兹别克斯坦人民保留了许多古老的习俗，也乐于接受现代文化。乌兹别克斯坦具有十分独特的饮食文化，有"餐中四宝"之说——烤羊肉丁包子、"苏尔帕"羊肉汤、烤羊肉串及抓饭。乌兹别克斯坦的多民族文化以及民族特色成为吸引各国游客的重要法宝。

---

① 对外投资合作国别（地区）指南——乌兹别克斯坦（2018 年版），中国一带一路网，https://www.yidaiyilu.gov.cn/wcm.files/upload/CMSydylgw/201902/2019　02010431059.pdf。

② 孙壮志、苏畅、吴宏伟：《乌兹别克斯坦》，社会科学文献出版社 2016 年版，第 14—15 页。

丰富多彩的旅游资源使乌兹别克斯坦共和国每年可接待数以万计的游客，提供多条旅游路线。其中，沿古代"丝绸之路"旅游的路线备受国外游客青睐。从首都到旅游点以及各旅游景点之间的交通较为便捷，旅游区还有各种具有当地特色的民族手工艺品出售。大巴扎（集市）中展示着各种乌兹别克斯坦著名的土产品，如甜瓜、石榴、柿子、葡萄等。游客们还可以品尝到具有民族特色的饼和甜食。总而言之，乌兹别克斯坦拥有独一无二的中亚国家历史文化遗产，例如已列入联合国教科文组织的三座历史文化名城：希瓦、布哈拉和撒马尔罕。[①] 除此之外，还有丰富的生态旅游资源、极富特色的自然风景、地方传统的新奇事物以及多姿多彩的民族风情等，这些宝贵而丰富的旅游资源为乌兹别克斯坦旅游业的发展创造了得天独厚的条件。

（二）乌政府的旅游业发展政策

乌兹别克斯坦有独具特色的古代建筑遗址、悠久的历史和优美的自然环境。然而在其独立之初，由于经济困难和交通限制，乌兹别克斯坦国内旅游业发展缓慢。随着旅游领域的改革和对外开放的加深，旅游业逐步走出低谷。1992年7月27日，乌兹别克斯坦国家旅游公司成立，开始吸引外国投资，修缮历史古迹。1993年，乌兹别克斯坦加入世界旅游组织，并提出"丝绸之路城市旅游"计划，吸引了大批外国游客。1994年，该组织同联合国教科文组织在塔什干召开"发展丝绸之路的旅游业"研讨会，以期进一步促进乌兹别

[①] 裴德禄："借鉴中亚经验，让丝绸之路旅游结出硕果"，《东欧中亚市场研究》1999年第11期，第40—43页。

克斯坦旅游业的发展。1996年，乌全国共有98家旅游公司，其中国营24家，股份公司43家，合资企业2家，集体企业27家，租赁制企业2家。①除国家旅游公司外，还有一系列私人旅行社，在旅游服务总额中私人企业的份额超过90%。乌国与旅游业相关的法律有《旅游法》《保险法》《国家边界法》以及各项政府决议等。此后，乌兹别克斯坦政府开始致力于为旅游业的发展创造良好条件，包括实施吸引投资、旅游产品多元化、培训旅游专业人才等多项举措。1999年4月19日，乌兹别克斯坦时任总统卡里莫夫被世界旅游组织授予该组织最高奖，这是为表彰其总统在复兴古丝绸之路方面做出的贡献。

进入21世纪，乌兹别克斯坦政府对旅游业的发展越来越重视，积极发展旅游经济。2006年4月17日，乌兹别克斯坦总统签署了《关于2006—2010年在乌兹别克斯坦共和国加速发展服务业的措施》的命令。这一命令提出，要为调动企业家的主动性创造一切有利条件，包括为其消除官僚主义障碍，使国内服务业实现快速发展，到2010年前使其产值占到GDP的49%，2006—2010年服务业从业人数增加60%。政策还表明将要扩大现有的旅游线路，增加新的旅游线路，组织多种类型的旅游活动，为游客提供丰富的旅游项目，如钓鱼、狩猎、登山等，以满足不同游客的不同爱好，兼顾国内游和出国游，使国内游和出国游的游客人数年均增加6%。同时，还要根据旅游业发展的需要建立完善的服务设施。②乌政府多年来在旅游领域实施的政策成效显著，每年有逾200万游客从世界各地慕名

---

① 吴思倩:《乌兹别克斯坦旅游业SWOT分析和对策》，对外经济贸易大学硕士论文，2014年。

② 杨建梅:"乌兹别克斯坦积极发展旅游经济"，《中亚信息》2008年第11期，第41—41页。

而来，感受乌兹别克斯坦深厚的文化底蕴，见证其历史发展的进程。

乌兹别克斯坦将发展旅游业作为国家优先项目，多次颁布简化签证、发展旅游业的总统令。乌兹别克斯坦总统米尔济约耶夫于2016年底签署的《加快乌兹别克斯坦共和国旅游业发展措施》总统令将旅游业提升为国家经济战略产业，为乌国旅游业的快速发展提供了强劲动力。根据该总统令，乌兹别克斯坦政府加快推动旅游业发展步伐，相继出台了大量举措提供政策支持和保障。各类政策中，有关简化签证的措施备受各方欢迎。2018年初出台的《为发展乌兹别克斯坦旅游潜力创造良好条件的补充措施》总统令规定，乌自2018年2月10日起对以色列、印度尼西亚、马来西亚等7国公民实施30天免签，同时简化了包括中国、印度、加拿大、美国在内的39国签证程序。为进一步提升签证办理效率，自2018年7月1日起，乌正式启用电子签证系统。据乌方统计数据显示，电子签证系统实施后的55天内，乌向全球46个国家的公民发放超过9500份电子签证，效果初步显现。[①] 除国内政策因素外，访乌游客数量快速增长还源于乌兹别克斯坦共和国在国际舞台上积极推广旅游资源，努力扩大其影响力。

乌兹别克斯坦政府看到旅游业巨大的发展潜力和良好的发展前景，近十年来更加重视发展旅游产业，积极果断地采取了一系列重要措施来加快旅游业的发展。据乌兹别克斯坦新闻网2018年12月26日报道，乌外交部第一副部长涅马托夫在接受乌国家电视台24小时新闻节目采访时表示，2019年乌外交部三大主要任务是扩大出口、

---

① 乌兹别克斯坦旅游业蓬勃发展. 中国经济网，2018年10月07日，http://www.ce.cn/xwzx/gnsz/gdxw/201810/07/t20181007_30445199.shtml。

吸引外国游客和外国投资。涅马托夫强调，2018年1—10月，乌出口总额达103亿美元，约400万外国人来乌，全年预计吸引外国投资27亿美元。2019年，乌外交部将继续以扩大出口、吸引外国游客和外国投资为三大主要任务，并持续加大工作力度。[①] 为进一步丰富旅游产品，近年来乌在开发传统旅游产品基础上，积极推广新型旅游方式，例如利用自然保护区、国家公园等资源开发生态旅游产品等。此外，地质游、医疗游、登山漂流游以及美食游也广受欢迎。如今，旅游业已成为乌兹别克斯坦国家收入的重要来源以及经济稳定的重要因素。

（三）"一带一路"创造旅游新契机

近年来，随着"一带一路"倡议的提出与实施，中国与丝绸之路沿线国家的文化交流日益紧密。乌兹别克斯坦地处中亚心脏地带，也是"丝绸之路经济带"上重要的一环，优越的地理位置使其成为古代丝绸之路上贸易商队交汇之处和多元文化融合之所。历史的沉淀使乌兹别克斯坦焕发光彩，撒马尔罕、布哈拉、希瓦这些耳熟能详的历史名城、境内7000多处不同时期的历史古迹、独具特色的饮食文化以及乌国民众与生俱来的热情好客，都使各国游客心生向往。"一带一路"倡议的提出更是为中乌两国旅游业的发展与合作创造了新契机，可以成为中乌两国在"一带一路"框架下深化合作的重点方向。

---

① 2019年乌外交部三大主要任务：出口、游客和投资．中国驻乌兹别克斯坦共和国大使馆经济商务参赞处，2018年12月26日，http：//uz. mofcom. gov. cn/article/jmxw/201812/20181202820997. shtml．

"一带一路"是 2013 年由中国提出的"丝绸之路经济带"和"21 世纪海上丝绸之路"的简称，作为中国对外发展的重要倡议，旨在推动沿线各国实现经济政策协调，促进经济要素有序自由流动、资源高效配置和市场深度融合，共同打造开放、包容、均衡、普惠的区域经济合作架构。乌兹别克斯坦作为"丝绸之路经济带"的沿线国家，发挥着至关重要的作用，中国与乌兹别克斯坦两国在"一带一路"框架下开展合作，共同发展，具有十分重要的战略意义。近年来，在中乌两国元首的引领下，中乌建立起真诚互信、合作共赢的全面战略伙伴关系，共建"一带一路"合作取得一系列重要收获。旅游产业作为中乌合作的新领域，发展十分迅速。随着乌兹别克斯坦对外开放步伐的加快以及中乌关系的不断升温，对中国人来说，前往乌兹别克斯坦旅游将不再是一件难事。随着两国人民彼此了解的加深，中乌双方的民间交流与人文交往将会越来越频繁，旅游业的前景十分光明。

民心相通是"一带一路"倡议努力推动的五大合作领域之一。所谓"关系亲不亲，关键在民心"。民心相通是"一带一路"倡议的关键基础，而跨国旅游业正是促进国与国之间民心相通的重要渠道。自"一带一路"倡议提出以来，中国政府就高度重视推进民心相通领域的双多边合作。习近平在"一带一路"国际合作高峰论坛开幕式致辞中指出，"要以文明交流超越文明隔阂、文明互鉴超越文明冲突、文明共存超越文明优越，推动各国相互理解、相互尊重、相互信任。要建立多层次人文合作机制，推动教育合作，发挥智库作用，推动文化、体育、卫生务实合作，用好历史文化遗产，密切各领域往来"。① 可以说,"一带一路"为中乌双方加强跨国旅游合作提供了新契机,与此同时,中乌两国旅游业的蓬勃发展也为促进两国的设施联通、民心相通贡献巨大力量。在乌兹别克斯坦政府大力发展旅游业的同时,中国也继续加强旅游业的宣传,这不仅将使两国旅游业获得长足的发展,而且能够为"一带一路"建设添砖加瓦。

从政治层面来说,中国与乌兹别克斯坦共和国的政治关系一直非常友好,中乌两国虽不是接壤的邻国,但双方一直将彼此作为外交优先方向。随着中乌共建"一带一路"深入推进,双方合作项目不断增进两国人民福祉,乌兹别克斯坦民众对中国普遍具有好感。现任总统米尔济约耶夫继承了首任总统卡里莫夫的友华方针,高度重视发展对华关系,关注中乌旅游合作,希望能与中方加强合作,完善乌兹别克斯坦的酒店等旅游配套设施。自2018年以来,乌兹别克斯坦布哈拉州、撒马尔罕州等地方团组相继来华访问,探讨地方交流合作大计,主要议题就是推介乌旅游资源,吸引中国游客。现如今,良好的双边关系、紧密的交往合作以及安全稳定的社会环境,能够使中国游客赴乌旅游更加安心和舒心。

"一带一路"倡议辐射亚欧非大陆。国之交在于民相亲,中国与乌兹别克斯坦之间的人文合作形式多样,顺利开展的孔子学院教育合作、稳步推进的联合考古和文物修复合作、定期举行的文艺团体互访,都在无形中加深着中乌两国人民的互相了解,拉近了两国人民的距离,为实现民心相通不断努力。在中乌关系大发展的背景下,加强两国之间的旅游合作已成为延续中乌友谊的一条重要途径。今

---

① 筑牢民心相通之桥夯实"一带一路"基础.中国共产党新闻网,2017年6月23日,http://cpc.people.com.cn/n1/2017/0623/c191094-29358307.html。

后，两国将继续探讨方便两国游客往来的新举措，举办相关旅游产品推介活动，乌兹别克斯坦也将加强境内旅游基础设施建设，为中国游客量身定做古城游、自驾游、咸海游等特色项目。[1] 可以预见，在双方的共同努力下，旅游合作完全能够为增进两国人民传统友好做出更大贡献，成为助推中乌全面战略伙伴关系更好更快发展的新动力，"一带一路"倡议的提出为中乌两国开展旅游合作创造了新契机，同时加强中乌旅游合作也将反过来助推"一带一路"倡议。

二、深化中乌旅游合作面临的挑战

乌兹别克斯坦自古以来便是丝绸之路的重要枢纽，如今更是中国"一带一路"倡议的重要合作伙伴。在"一带一路"倡议下，中国与乌兹别克斯坦在旅游领域的合作不断加强，双方签署了旅游合作协议。尽管中乌两国深化旅游合作具有巨大潜力，但我们也必须考虑到两国在制度建设、设施建设、安全保障体系建设等层面可能面临的挑战。

（一）双方旅游合作制度待完善

自从"一带一路"倡议提出以来，乌兹别克斯坦领导人始终坚定支持并积极参与"一带一路"倡议沿线建设，主动将本国发展战

---

[1] 旅游合作势将成为中乌关系新亮点，新华网，2018年03月22日，http://www.xinhuanet.com/world/2018-03/22/c_129834874.htm。

略同"一带一路"倡议对接起来。中乌两国在旅游业上开展合作，将会促进丝路沿线各国、地区之间融洽交往，推动"丝绸之路经济带"腾飞。在建立旅游合作关系的同时，中乌双方的跨国旅游合作协调机制以及相关政策法规的制定是必不可少的，中乌双方在合作制度及政策法律保障等方面的具体安排仍需继续完善。

中国提出共建"丝绸之路经济带"倡议后，得到乌兹别克斯坦政府的积极响应，也为中乌开展旅游合作提供了政策保障和难得的机遇。中乌双方于2015年6月签署了《关于在落实建设"丝绸之路经济带"倡议框架下扩大互利经贸合作的议定书》，将在共建"丝绸之路经济带"的框架下充分发挥现有双边经贸合作机制的作用，进一步全面深化和拓展两国在贸易、投资、金融和交通通信等领域的互利合作，重点推动大宗商品贸易、基础设施建设、工业项目改造和工业园等领域项目实施，实现双边经贸合作和共建"丝绸之路经济带"的融合发展。2015年3月，中国政府出台了《推动共建丝绸之路经济带和21世纪海上丝绸之路的愿景与行动》，明确表示要加强旅游合作，扩大旅游规模，互办旅游推广周、宣传月等活动，联合打造具有丝绸之路特色的国际精品旅游线路和旅游产品，提高沿线各国游客签证便利化水平。中乌合作将使丝绸之路重新焕发光彩，开展旅游合作与交流恰逢其时。

通过观察中乌两国的国际旅游合作现状可以发现，双方都在积极签订协议、举办各类旅游及文化活动，两国旅游合作正在逐步深化。但同时，我们也应该清楚地认识到，完善并落实旅游合作制度是深化两国旅游合作的基础和保障，也是目前双方旅游合作中最迫切需要的，两国在旅游合作领域迫切需要提出有针对性的双边旅游合作制度安排。中乌两国目前还欠缺具体的跨国旅游合作协议，现有涉及旅游的制度安排大多是一些纲要、纲领、意见等指导性文件，并没有就两国旅游合作做具体的阐述，更缺乏具体如何开展两国跨国旅游合作的相关协议。比如关于两国间旅游投资合作协议、重点旅游项目合作协议、中乌双方旅游局高层对话制度、业内高级别旅游会谈机制等，缺乏类似具体的、可落实的相关制度安排。同时，法律保障也是两国开展国际旅游合作的基础，中乌双方可通过磋商、双边协议、旅游法规对接、旅游区管理协作等方式在旅游免签制度、国际旅游合作准入机制等方面共同努力，为中乌两国开展旅游合作提供法律保障。中乌双方在今后的旅游合作中应更加重视以法制法规建设为基础的合作模式，建立具体详细的旅游合作法律规章和制度框架。

近年来，随着中国与乌兹别克斯坦跨国旅游合作关系的增强，双方旅游合作协调机制显得越发重要。在跨国旅游合作中，两国需要制定并完善约束中乌旅游合作行为的系列规则，用具体的规章制度来协调参与两国旅游合作的各类成员，包括政府、企业、社会团体以及个人等经济单位之间的活动。中国与乌兹别克斯坦应共同协商建立磋商协调机制，解决跨境旅游合作过程中的旅游设施建设工程协调，以及未来中乌旅游合作的运行模式、利益分配、法律框架、优惠政策、争端解决以及组织机构设置等问题，共同探索旅游合作发展新制度，为中国和乌兹别克斯坦两国的游客提供便利，通过制度的完善与政策的落实促使中乌国际旅游合作迈上新台阶。

（二）旅游配套设施建设待提升

乌兹别克斯坦作为一个经济发展较为滞后的国家，受益于境内丰富且珍贵的文化遗产资源和丝绸之路品牌的推动作用，国际旅游业已经有了一定程度的发展，游客来源稳定、丰富，而且口碑不错，但其在旅游业配套设施建设方面仍有许多需要改进之处。根据针对乌兹别克斯坦国际游客消费行为分析的调查报告可以发现，尽管国际游客普遍满意在乌兹别克斯坦共和国的旅游体验，但调查还是反映了很多急需改进的方面。比如，签证办理程序的复杂以及等待时间的漫长；国际游客过境程序繁琐；网络配备少，服务差；路况不尽如人意，照明欠佳；语言障碍影响大，英文信息缺乏；旅游指南或城市地图很难获取；火车速度过低；厕所急需提升；ATM 服务滞后等。① 可见，在大力发展跨国旅游合作之时，旅游基础设施建设、配套设施及服务水平的提升都是至关重要的，这需要中乌两国制定详细具体的旅游设施建设对策。

乌兹别克斯坦是双内陆国家，无海港，且内陆河流水量小，水运不发达。乌各类公路总里程 18.4 万公里，其中 42500 公里为公用干线公路，包括 3200 公里的国际公路。乌兹别克斯坦公路整体老化严重、配套设施严重不足。目前公路建设主要依据 2009 年批准的《2009—2014 国家公路发展纲要》和 2010 年 12 月前总统卡里莫夫签署的《关于 2011—2015 年加快发展交通运输基础设施建设的决议》，最主要项目是 E40 公路（中亚 A380 号公路）改造项目，即自乌兹别克斯坦东部的安集延市到哈萨克斯坦的别伊涅乌，长度 1139 公里。② 铁路运输是乌兹别克斯坦最重要的交通运输方式，承担着全国约 60%的货运和 80%的进出口货运。乌兹别克斯坦现有铁路线总长 6000 公里，其中电气化铁路 930 公里。主要铁路干线为南北向的塔

---

① 苏红霞、张雪、张洁："乌兹别克斯坦国际游客消费行为分析"，《经贸实践》2018 年第 1 期，第 55—56、58 页。
② 乌兹别克斯坦主要公路情况. 中国驻乌兹别克斯坦共和国大使馆经济商务参赞处.2014 年 03 月 05 日，http：//uz. mofcom. gov. cn/article/ztdy/201403/20140300508139. shtml。

什干—铁尔梅兹线、塔什干—卡拉库里线；东西向的塔什干—吉扎克—撒马尔罕—纳沃伊—乌尔根齐—努库斯、杜尚别（塔吉克斯坦）—铁尔梅兹—别伊涅乌（哈萨克斯坦）、布哈拉—卡尔西线等。乌现有的铁路机车大部分为苏联时期的内燃机车，全国仅有塔什干—撒马尔罕一条高铁线，时速150公里左右。在《2015—2019年发展现代化通信和道路运输基础设施规划》中，乌兹别克斯坦计划2020年其铁路客运和货运领域的服务增长1.2倍，年客运量从2016年的2010万人次增加到2400万人次，货运量由8180万吨增加到1亿吨。① 乌兹别克斯坦在苏联时期享有"航空港"之美称，也是中亚地区唯一能生产飞机的国家，国内有12个机场，其中最大的是塔什干机场。

交通等基础设施的建设对于旅游业的发展至关重要。2018年底，乌总统米尔济约耶夫责令加快交通部筹建工作，新成立的交通部将负责统一协调发展公路、铁路、航空、河运、地下轨道、出租车等多种形式交通运输，并在国家—个人伙伴合作机制下于运输服务体系引入私人资本运营商。② 乌兹别克斯坦在国际化过程中，已充分认识到国际互联互通对乌国民经济发展和国家建设的重要意义。乌公路运输署无力单独协调、制定、实施交通运输领域国家综合促进政策，因此乌兹别克斯坦政府将更加致力于改善基础设施建设、优化运输服务系统、加强城乡交通网线覆盖、推动国际合作等系列交通运输领域发展问题。在此过程中，自然少不了中国的鼎力相助，共

---

① 乌兹别克斯坦通关指南. 搜狐财经，2017年08月10日，http://www.sohu.com/a/163541312_750649。
② 乌总统指示加快交通部筹建工作. 中国驻乌兹别克斯坦共和国大使馆经济商务参赞处，2018年12月07日，http://uz.mofcom.gov.cn/article/jmxw/201812/20181202814155.shtml。

同协商推进中乌旅游合作向好发展。

　　针对乌兹别克斯坦旅游业配套设施不完善、服务水平亟待提高的现状，中乌两国需要协商制定相关的建设策略，逐步提供更为完善的旅游配套设施，发布更多更方便获得的旅游信息，加强网络营销和旅游产品营销力度，逐渐吸引游客自助游，释放乌国自助游线路的潜力。此外，还需要尽快提供并改善互联网服务，迎合游客在网络上分享旅程的需求，为游客提供便利的信息联络服务。中乌两国需要合作改善交通状况，开通更多国际航线，扩大便利性，同时帮助乌国改善基础设施建设，减少旅行成本，从而吸引更多游客。在旅游项目开发中还要继续关注"丝绸之路"品牌，积极与周边国家合作开发丝路旅游产品。

　　中乌两国在旅游合作中势必重视旅游基础设施以及旅游配套服务设施的建设工作，双方需要通过沟通协调，共同加强跨境旅游合作在基础设施建设、旅游人才培训、跨国旅游线路开发、旅游公司无缝对接等领域的交流与合作，分别从营造旅游便利化环境、开发特色跨国旅游产品和扩大旅游市场等方面共同推动制定有利于促进中乌旅游合作发展的相关对策及思路。

（三）旅游安全保障体系待加强

　　中亚地区的反恐局势一直是世界关注的焦点。乌兹别克斯坦位于阿富汗北部，该国民众以穆斯林为主，是中亚伊斯兰教文化的中心。特殊的地缘政治、历史宗教和文化冲突，加上经济发展落后，乌兹别克斯坦一度成为恐怖分子的输出大国。2015年9、10月间，乌兹别克斯坦首都塔什干发生了两次爆炸，之后有200多人因与"伊斯兰国"有关联而被乌兹别克斯坦当局抓捕。据法学家沙迪科夫所说，在中亚各国中，乌兹别克斯坦国内极端主义团体数量最多、最有名的是"乌兹别克伊斯兰运动"（简称"乌伊运"），一些专家认为它是中亚地区排名第三的激进运动（位居塔利班和"基地"组织之后）。[①] 乌伊运主要盘踞在乌兹别克斯坦、吉尔吉斯斯坦、塔吉克斯坦三国交界的费尔干纳盆地。乌兹别克斯坦作为中亚的人口大国，又与阿富汗接壤，长期受到恐怖主义犯罪的侵扰，反恐成为其保证国家安全的重要组成部分，时刻不能放松。

中亚地区长期以来是国际恐怖主义、极端宗教势力和民族分裂势力的重灾区。据统计，现今分散在世界各国有案可查的非政府恐怖组织达1000多个。按照俄罗斯和中亚国家相关机构的认定，目前在中亚地区活跃的恐怖组织大约有20个，主要可分为两种类型：宗教极端型恐怖组织和民族分裂型恐怖组织。宗教极端型恐怖组织最为普遍，制造的恐怖事件比例最高，是中亚地区危害最为严重的恐怖主义类型。据2009年和2010年中亚各国进行的第二次民族人口统计显示，相关国家关于国民宗教认同的普查数据反映，乌兹别克斯坦88.6%以上的居民人口为穆斯林。民族人口状况决定了伊斯兰教信仰在中亚具有广泛的民族性和群众性。[②] 内部矛盾是中亚国家面临的普遍问题，近年来中亚地区族裔关系重现尖锐化，更增加了这一地区出现冲突和不稳定局面的危险性。

2016年以来，在国际反恐联盟的打击下，极端组织"伊斯兰国"受到重创，国际反恐局势进入"后伊斯兰国时代"。中亚地区作为传统的恐怖主义活动地区，在"伊斯兰国"圣战分子回流、渗

[①] 戴艳梅："中亚地区恐怖活动与反恐形势"，《中亚研究》，社会科学文献出版社2016年版，第1页。

[②] 李琪："中亚地区安全化矩阵中的极端主义与恐怖主义问题"，《新疆师范大学学报（哲学社会科学版）》2013年第2期，第49—59，4页。

透的背景下，中亚地区安全形势依然不容乐观。大批极端分子从中东返回中亚后，成为策划恐怖袭击的主力军，积极与国际恐怖主义势力相勾结。近几年，乌兹别克斯坦、吉尔吉斯斯坦和塔吉克斯坦成为极端分子回流与活动的重点地区。他们利用这些国家复杂的政治形势和落后的经济条件谋求落地发展。① 中亚地区的安全局势也发生了变化，各国维护安全的能力有所提升，内部冲突管控能力有所增强，外部安全环境更加复杂多变，国家稳定和安全的最直接挑战来自于相邻的"热点"地区。有专家认为，中亚目前主要面临五种威胁：一是伊斯兰激进主义信徒增多，可能会成为强大的政治力量；二是联军撤离阿富汗后，中亚南部边界将威胁到中亚国家的安全；三是毒品走私活动加剧；四是中亚国家的经济越来越依赖资源出口；五是贫穷导致社会内部矛盾加剧。因此，中亚地区可能出现四种发展走势：保守式渐进、地区分裂、欧亚联盟、伊斯兰哈里发政权。据预测，尽管中亚当前局势稳定，但未来中期发生重大地缘政治、政治及社会转折的可能性非常大。② 乌兹别克斯坦共和国政府虽然在国家治理和推进改革中做出许多努力，不断强化自身的执法能力和军事安全体制，大力发展经济走出困境，但由于其国内民族众多社会分层，加之中亚各个国家之间的矛盾和边境争端，未来仍有许多无法预知的安全变数。

乌兹别克斯坦国防实力较弱，国内地方派系势力复杂，其与阿富汗接壤的边境地区成为恐怖主义活动的重要通道。中亚的安全稳定与中国国家安全息息相关，特别是在"一路一带"倡议提

---

① 刘纪未："'后伊斯兰国时代'中亚恐怖主义发展态势及其治理"，《和平与发展》2018年第2期，第87—97，134页。

② 孙壮志："中亚安全形势及上合组织的重要作用"，《俄罗斯学刊》2018年第2期，第45—59页。

出之后,随着中国与中亚各国贸易的不断拓展,以及在中亚各经贸领域占据的份额越来越多,在对外投资的过程中,中企不可避免地会与中亚区域内民族势力、宗教势力、地方势力或部族势力的利益产生冲突。而在经贸往来中利益分歧引发的冲突也可能会给中国在中亚地区的投资带来风险和损失。随着中国在乌兹别克斯坦从事经贸活动的人员不断增多,乌境内有组织的犯罪和恐怖主义活动以及乌国与其他相邻中亚国家之间的争端与冲突,都有可能对中国公民的人身安全和经贸活动的开展构成威胁。乌兹别克斯坦等国曾发生多起针对中资企业员工的绑架和人身伤害事件。[1] 民族问题势必会影响到"丝绸之路经济带"的建设以及中乌两国之间的经贸、旅游合作。

中亚地区的政治、经济问题与复杂的民族因素错综复杂,处理不好极有可能引发政治对立甚至军事冲突。乌兹别克斯坦作为双内陆国,极有可能陷入中亚区域的冲突或混乱之中,对其境内外游客的人身安全造成严重威胁,将为中乌两国的跨国旅游合作带来不利影响。因此,中国和乌兹别克斯坦双方在跨国旅游合作中,必须构建旅游安全保障体系,应对各种突发的安全状况,在非传统安全领域及常规安全领域设立应急机制,确保各国游客在遇到突发状况时能得到及时有效的帮助,在设计旅游合作项目的同时兼顾旅游线路的安全设施建设,对旅游从业人员进行专业安全防护培训,通过实施各类安全措施保障国内外游客的人身和财产安全,从而促进中乌两国间的旅游合作能够长久平稳地发展。

---

[1] 吕超、娄义鹏、熊坤新:"当前中亚地区民族问题的特点及对丝绸之路经济带建设的影响与对策",《贵州民族研究》2016年第4期,第10—17页。

三、深化中乌旅游合作的策略

如今，中国与乌兹别克斯坦之间的旅游合作蕴藏着巨大潜力，同时面临许多潜在的困难与挑战。为了继续深化两国之间的旅游合作，促进中乌两国友好往来，我们需要在大力开发潜力的同时，积极应对合作过程中可能出现的各种挑战。

（一）加大两国特色文化宣传力度

"一带一路"倡议提出后，中国和乌兹别克斯坦作为丝绸之路的沿线国家，承载着文化交流的重要使命。由于社会文化和语言差异，中乌之间开展人文交流面临着诸多困难。中方应在全国范围内加大对乌兹别克斯坦旅游资源的宣传力度，着力扩大乌兹别克斯坦特色旅游项目的知名度，帮助乌国内的旅游行业推广"丝绸之路"等特色旅游线路，为民众推广新型旅游方式，通过"一带一路"倡议和上海合作组织等平台大力宣传乌兹别克斯坦丰富的旅游资源和中乌合作的旅游项目，吸引更多中国游客前往乌兹别克斯坦游玩参观。同时，也要让乌方积极宣传中国的特色文化和景点，吸引更多乌国民众前往中国旅行，体验中华文化的博大精深，促进两国民众的互相理解与文化交流。翻译更多乌兹别克语宣传资料与文化著作，增进中国民众对这个中亚内陆国家的了解，也可以将更多中文经典著作、旅游文化资料翻译成乌兹别克语，促进两国之间的文化交流，民心相通。此外，不可忽视媒体在旅游推广中的作用，媒体是推动两国人文交流的重要渠道，在增进国家之间的了解、塑造国际形象方面发挥着重要作用。中乌两国需要进一步扩大媒体的影响力，在民众心中形成一个客观、真实的印象，为中乌跨国旅游合作的顺利发展创造良好条件。

（二）继续发展和完善交通网络

乌兹别克斯坦作为中亚腹地的"双内陆国"，无海港，水运不发达，公路老化严重，配套设施严重不足。因此，航空运输在其对外交流中发挥着极其重要的作用，国际互联互通对乌兹别克斯坦的发展至关重要，也对中乌两国开展旅游合作具有重要意义。除国内连接各州的航线外，乌兹别克斯坦与中国、日本、韩国、欧洲、美国及独联体大部分国家均有定期航班。乌国内有塔什干、撒马尔罕、纳沃伊、乌尔根奇、努库斯、铁尔梅兹等12个机场，其中塔什干机场最大。乌兹别克斯坦航空公司的班机可以直飞美国、日本、俄罗斯、德国、中国、韩国等多个国家和地区。目前，中国南方航空公司在塔什干设有代表处，已开通北京—塔什干、乌鲁木齐—塔什干的航班。乌兹别克斯坦作为中亚地缘中心的作用日益凸显，是具有发展潜力的国际旅游中转站。鉴于中乌之间民航直飞航线仍然很少，未来中乌交通部门应继续发展和完善两国之间的交通联系网，继续合作加强交通领域基础设施建设，同时加强两国民用航空领域的相互联系，开通历史文化名城之间的直航，给两国人民之间的友好交往提供便利，促进设施联通、民心相通，推动两国旅游业更好地向前发展。

(三) 创造更多民间交流平台

中乌人文合作的平台和形式多种多样，如正在顺利推进的有孔子学院教育合作、联合考古和文物修复合作、定期举行的文艺团体互访等。中国在与乌兹别克斯坦的交流中，虽然会定期举办各种文化周、文化日、科技展和摄影展，宣传和介绍中乌两国的文化底蕴，但由于经济和文化上的差异，各方面的展示数量有限，整体规模较小，受众面窄，宣传展示效果不尽如人意。中乌双方在人文合作领域的交流和互访大多是政府层面的，民间的互动很少。[①] 因此，中乌双方在文化交流过程中，应扩大文化交流规模，创新文化交流形式，拓展文化交流领域，努力将中华文化博大精深、海纳百川的优秀品质展现出来，也将乌兹别克斯坦文化的精粹向中国民众展现出来，切实发挥文化在促进民心相通、推动合作共赢、提升国家形象等方面的重要作用。中国和乌兹别克斯坦都应积极建立合作平台，拓宽人文合作领域，创造更多民间交流的机会和平台，促进人文交流与合作的发展，从而有力推动中乌两国的旅游合作事业。

(四) 构建旅游合作保障体系

中亚地区长期以来受到恐怖主义的渗透和侵扰，中亚五国间的边境领土争端和民族冲突也时有发生。政治、经济、社会发展问题

---

① 李慧玲：「中国和乌兹别克斯坦人文交流与合作现状」，《俄语学习》2018年第2期，第61—64页。

都关系到整个地区的稳定与安全。防御和打击宗教极端主义和恐怖主义是一项长远的工作，中国与乌兹别克斯坦需要继续加强在安全领域的合作，为两国顺利开展跨国旅游合作创造一个稳定而安全的环境。在当前世界反恐新形势下，地区安全、国家安全、社会安全、民生安全等方面存在很多难以预见的潜在威胁和不确定因素，中亚国家面临诸多非传统安全因素的严峻挑战，中乌两国在旅游合作中必须考虑构建旅游安全保障体系。安全是扩大旅游合作的基础，中国与乌兹别克斯坦必须加强在安全事务上的对话与合作，营造安全的旅游环境，培养公民的旅游安全意识。中乌双方应成立专门的旅游安全保障机构负责处理危机事件，建立旅游突发事件应急机制，加强管理，在保障旅游环境安全的基础上，拓展两国旅游发展空间，促进中亚地区旅游业的联动发展。同时，中国与乌兹别克斯坦之间还需构建旅游合作政策法律保障体系，完善两国旅游合作协调机制，保障中乌两国民众在旅游过程中的合法权益，促进两国旅游合作关系的长久平稳发展。

综上所述，乌兹别克斯坦共和国地处中亚的中心，历史悠久，文化独特，旅游资源极为丰富，拥有许多珍贵的世界文化遗产和建筑古迹，作为古丝绸之路上重要的驿站之国，其与中国有着源远流长的友谊。近年来，在"一带一路"倡议下，中国与乌兹别克斯坦的合作提升到新高度，也为两国深化旅游合作创造了新契机。中乌两国一直把弘扬开放合作、共同发展的"丝绸之路精神"作为共同的历史使命。中乌之间加强旅游合作，有着广阔的需求和坚实的基础，也有着政策保障和难得的机遇。旅游是传播文明、增进相互了解和深化友谊的最佳途径，双方应抓住中乌关系全面发展的大好时机，大力开拓在旅游领域的合作，持续推动文化交流和民间交往。中国与乌兹别克斯坦跨国旅游合作具有巨大潜力，同时也存在许多潜在的挑战。只要中乌双方重视发掘潜力，共同协调解决旅游合作中的困难，相信未来中国与乌兹别克斯坦的旅游合作发展前景广阔，将为"一带一路"倡议再添新成果。

中哈经贸合作的政策沟通研究

汪慧堂[*]

【摘 要】 哈萨克斯坦是中国的重要邻国,是中亚第一强国,也是"一带一路"向西的第一站和枢纽国。2013年习近平主席在哈国提出"一带一路"构想,在中哈良好的政策沟通下,中哈经贸合作成果丰硕。通过分析"一带一路"下中哈经贸合作历程、贸易现状,可知中哈经贸合作成果之丰硕、意义之重大。当前中哈两国经贸合作政策沟通建设主要集中在三大领域:(1)中哈高层政策沟通频繁,经贸合作风险较低,为两国合作创造良好环境;(2)中哈双边海关、运输、边境贸易政策合作架构较齐全,功能较完善;(3)"一带一路"与"光明之路"契合,中哈政策对接可行。最后,笔者尝试提出三点深化中哈政策沟通的建议:一是加强中哈政治互信,处理好与域外大国关系;二是利用亚投行及丝路基金,开展多领域合作;三是深化中哈海关、运输及边贸等具体合作机制。

【关键词】 "一带一路";中哈经贸合作;政策沟通

---

[*] 汪慧堂,华东师范大学2019届国际政治专业,研究方向为大国关系,"一带一路"。

一、中哈经贸合作现状

哈萨克斯坦共和国（Kazakhstan，以下简称"哈"或"哈国"），"哈萨克"意为"自由之民"，"斯坦"意为"国家"，"哈萨克斯坦"即指"自由之民生活的国度"。哈国是中亚五国中面积最大的国家，也是世界上面积最大的内陆国，横跨欧亚两个大陆，[1]是欧亚大陆的心脏地带，也是陆上丝绸之路向西的第一站和枢纽国。

（一）哈萨克斯坦经贸现状

1."中亚五国之首"——哈萨克斯坦

哈国的 GDP 一直处于中亚五国之首，是中亚最大的经济体。2017 年，哈国 GDP 总值 1581.8 亿美元，GDP 增速 4.0%，人均 GDP 为 8837 美元，国家实力位列全球第 57 位。[2] 哈国国际收支较为平衡，主权信誉良好。2017—2018 年，惠誉、穆迪、标普三大国际评级机构数据表明未来两年哈国收支将保持稳定。[3]

---

[1] 赵长庆:《哈萨克斯坦》，社会科学文献出版社 2004 年版，第 2 页。
[2] 《中国驻哈萨克斯坦大使馆经济商务参赞处：对外投资合作国别（地区）指南——哈萨克斯坦》，商务出版社 2018 年版，第 20 页。
[3] 中华人民共和国驻哈萨克斯坦共和国大使馆经济商务参赞处官网，http://kz.mofcom.gov.cn/article/jmxw/201809/20180902785287.shtml，2018 年 9 月 17 日访问。

哈国能源及矿产资源丰富，有 90 余种矿藏，1200 多种矿物，稀有、贵重和有色金属 500 余种。① 主要能源资源是石油、天然气和煤炭，主要矿产资源是钨、铬、铀、铁、铜和铅锌。能源方面，哈国陆上石油储量位居世界第 7 位，天然气的探明储量位居世界第 18 位，② 煤炭储量位居世界第 8 位。矿产资源方面，钨矿储量位居世界第 1 位；铬占世界 1/3；铀矿占全球的 1/4；铜、锰矿储量均为世界第 4 位；铁、铅矿储量均为世界第 6 位；黄金储量为世界第 8 位。得天独厚的资源禀赋，对哈国经济结构和中哈能源合作产生了重要影响。

2. 哈国产业结构构成单一

哈国产业结构畸形严重，重工业发展较好，其中采矿业（主要是石油和天然气开采）更是哈国国民经济的支柱性产业。2017 年，哈国采矿业占工业总产值比重高达一半。③ 目前，中国的三大石油公司（中石油、中石化和中海油）都已进入哈国市场，并开展油气合作。加工工业也是哈国重工业的另一重要部分，主要是石油加工、石油化工、汽车制造、建材和有色金属生产，2017 年加工工业总产值 280.9 亿美元，占工业总产值的 40.4%。④ 农业方面，种植业和畜牧业较为发达，是中亚最大的粮食生产国和世界第六大粮食出口国。⑤

虽然重工业发展较好，但是哈国轻工业薄弱。此外，哈国对外

---

① 《中国驻哈萨克斯坦大使馆经济商务参赞处：对外投资合作国别（地区）指南——哈萨克斯坦》，商务出版社 2017 年版，第 5 页。
② 《中国银行股份有限公司：哈萨克斯坦》，社会科学文献出版社 2016 年版，第 58 页。
③ 《中国驻哈萨克斯坦大使馆经济商务参赞处：对外投资合作国别（地区）指南——哈萨克斯坦》，商务出版社 2018 年版，第 22 页。
④ 同上。
⑤ 同上书，第 84 页。

来商品依赖性很强,科技产品、生活日用品和轻工产品基本被美国、德国、中国、日本、韩国等国的商品替代。

3. 哈国的对外经贸关系

中国是哈国最重要的贸易伙伴之一。当前,哈国经济形势逐渐转好,2017年进出口贸易总量776.47亿美元,同比增长156.97亿美元。① 哈国与190多个国家和地区建立贸易关系,中国是哈国第一大进、出口贸易伙伴,也是哈国的重要外资来源国。哈国中央银行统计表明,2016年中国对哈直接投资位居哈国外资来源的第6位,2018年位列第4位。②

哈国经济对外依赖性高,是典型的单一资源型经济结构,致使其工业制成品对外依赖度高,其工业制成品主要依赖进口。主要有两类:第一类是石油制成品,主要从俄罗斯进口;③ 第二类是机电产品、运输设备、贱金属及制品、化工产品,大部分为中国进口。④

(二) 中哈经贸合作现状及意义

中哈经贸关系的发展历程大致可以分为三个阶段:建交萌芽期(1992—1997年)、改革成长期(1998—2012年)和发展成熟期(2013年至今)。2013年,中国正式提出"一带一路"构想,中哈经贸合作进入新的阶段,"一带一路"倡议下中哈经贸合作意义重大。

---

① 数据来源:哈萨克斯坦国家统计委员会官网。
② 《中国驻哈萨克斯坦大使馆经济商务参赞处:对外投资合作国别(地区)指南——哈萨克斯坦》,商务出版社2018年版,第36页。
③ 杨思远:《哈萨克斯坦经济》,中国经济出版社2016年版,第43页。
④ 同上。

1. 中哈经贸合作态势良好

中哈直接经贸联系始于 1992 年，当年中哈进出口总额仅为 3.68 亿美元。中哈经贸合作之初，投资额较为有限，贸易额也低于俄、美、欧、日等国。经过 28 年的互动往来，中国经济高速发展，中哈经贸合作也不断深化。

1992—2017 年中哈双边经贸规模增幅巨大（见表 3）。1992 年中哈双边贸易总额仅为 3.68 亿美元，2017 年增长至 180 亿美元，增幅近 49 倍。中国向哈国出口额由 1992 年的 2.27 亿美元增长到 2017 年的 116.43 亿美元，增长了 51 倍。中国从哈国进口方面，1992 年为 1.41 亿美元，2017 年为 63.57 亿美元，增长了 45 倍。

表 3　1992—2017 年中国对哈萨克斯坦贸易表

（金额单位：亿美元；增幅单位：%）

时间	进出口总额	增幅	出口金额	增幅	进口金额	增幅	贸易差额
1992 年	3.68	—	2.27	—	1.41	—	0.86
1993 年	4.35	18.05	1.72	-24.41	2.63	86.33	-0.91
…	…	…	…	…	…	…	…
2013 年	285.96	11.37	125.45	14.03	160.51	9.37	-35.06
2014 年	224.20	-21.60	127.10	1.32	97.10	-39.51	30.00
2015 年	143.00	-36.22	84.40	-33.60	58.60	-39.65	25.00
2016 年	130.93	-8.44	82.89	-1.79	48.04	-18.02	34.85
2017 年	180	37.48	116.43	39.94	63.57	32.32	53.86

资料来源：中国海关官网。

哈国从中国进口的主要商品是机电产品、贱金属及制品、塑料橡胶、化工产品、纺织品及原料。数据（见表4）显示，2018年哈国从中国进口的商品中，机电产品占总量的比重达到45.6%，贱金属及制品占11.3%，塑料橡胶占6.9%，化工产品占6.7%，纺织品及原料占5.1%。

哈国向中国出口的商品主要是矿产品、贱金属及制品和化工产品。统计数据（见表4）显示，2018年哈国向中国出口商品中的矿产品占46.2%，贱金属及制品占38%，化工产品占10.9%。

表4　2018年哈中商品贸易构成表　（单位：百万美元）

类别	海关分类	商品类别	2018年金额	2017年金额	同比（%）	占比（%）
哈国从中国进口	第16类	机电产品	2456	2078	18.2	45.6
	第15类	贱金属及制品	610	652	-6.4	11.3
	第7类	塑料、橡胶	373	316	17.8	6.9
	第6类	化工产品	361	313	15.3	6.7
	第17类	运输设备	292	185	57.7	5.4
	第11类	纺织品及原料	274	207	32.8	5.1
哈国向中国出口	第5类	矿产品	2897	2076	39.6	46.2
	第15类	贱金属及制品	2383	2384	-0.1	38.0
	第6类	化工产品	680	1039	-34.5	10.9

资料来源：中华人民共和国商务部官网。

中国对哈国的直接投资也位列"一带一路"倡议沿线国家前位。统计资料显示，截至2016年，中国对哈国直接投资50.95亿美元，位列对"一带一路"倡议沿线国家总投资第5位。[①] 此外，中哈货

---

① 商务部、国家统计局、外汇管理局编：《2016年度中国对外直接投资统计公报》，第22页。

币互换及结算规模不断扩大。2014年,中哈签订70亿人民币兑2000亿坚戈的货币互换协议,两国可以使用人民币和坚戈进行结算与支付。

2. 中哈经贸合作意义重大

对于哈国而言,一方面参与"一带一路"倡议,承接中国的产业转移,推动产业结构优化升级,减轻对国际市场的依赖。另一方面,哈国能获得中国资金、技术和市场支持,推动交通运输等基础设施建设,同时能提高科技实力和资源利用率及产品附加值,拓宽中国市场。

对于中国而言,一方面能发挥哈国的"一带一路"倡议沿线枢纽国作用。哈国作为欧亚大陆的心脏地带和陆上丝绸之路的枢纽国,是货物集散、能源输送、商品中转关键节点。另一方面,因为中哈合作在"一带一路"倡议实践中起着"窗口"作用。中哈经贸合作成果在中亚乃至世界范围内起着"示范效应",促进中哈经贸合作,实现互利共赢,密切中哈关系,能推动中国与中亚地区关系发展进步。

二、中哈经贸合作的政策沟通机制

中哈经贸合作的政策沟通建设良好:首先,中哈政策沟通顺畅,经贸合作风险较低且成果丰硕;其次,中哈双边海关、运输、边境贸易政策合作架构较齐全,功能较完善;最后,"一带一路"与"光明之路"契合,政策对接可行。

(一)中哈经贸合作政策环境评估

1. 中哈政策沟通顺畅

"一带一路"倡议实施以来,中哈高层交流合作频繁,合作内容不断深化,成果丰硕。

2013年9月7日,习近平总书记在哈国提出"丝绸之路经济带"倡议,纳扎巴耶夫总统热烈响应。

2015年5月7日,中哈领导人讨论"一带一路"与"光明之路"对接,加强经贸、产能、能源、科技领域合作。

2015年8月31日,中哈联合发布《中哈关于全面战略合作伙伴关系新阶段联合声明》,还签署工业、基建、矿产、金融、旅游等领域的9项合作文件。

2016年9月2日,中哈签署《"丝绸之路经济带"建设与"光明之路"新经济政策对接合作规划》,全面开展"丝绸之路经济带"和"光明之路"具体对接建设。

2017年5月14日,纳扎巴耶夫出席"一带一路"国际合作高峰论坛,并表示哈国坚定支持"一带一路"倡议。

2017年6月8日,中哈建交25年,双方签署《中华人民共和国和哈萨克斯坦共和国联合声明》,并签署经贸、金融、基建、水利、质检、税务、人文等领域多项双边合作文件。

2. 中哈经贸合作风险较低

"一带一路"倡议沿线国国家风险状况对其能否顺利实施十分重要。

近年来，虽然"一带一路"倡议不断推进落实，取得丰硕成果，但也面临挑战和风险，许多中资企业投资因东道国的政治、社会和经济风险而遭遇挫折。统计显示，2005—2014 年间，海外中国企业 120 个投资项目失败。① 因此，发展中哈经贸需要充分考察哈国的风险指数情况。

中国社会科学院世界经济与政治研究所发布的《中国海外投资国家风险评级报告 2017》对 35 个"一带一路"倡议沿线成员国的风险进行测评，定量测评结果显示中哈经贸合作风险较低。这份报告相对客观全面，② 样本代表性强。哈国国家风险评级在 35 个国家中位列第 10 位，风险评级为"BBB"（中等风险国家）③，五大具体评价指标（经济基础指标、政治风险指标、社会弹性指标、偿债能力指标、对华关系指标）排名分别为：第 15 位、第 16 位、第 10 位、第 18 位、第 10 位。哈国的社会弹性和对华关系较好，但是经济基础、政治风险和偿债能力指标表现一般。

3. 中哈经贸合作成果丰硕

"一带一路"倡议实施以来，中国在哈国的重点投资企业数量越来越多、投资规模越来越大。中国投资主体以公司为主，投资领域主要涉及石油、天然气开采业、汽车销售、批发及零售业。2013 年，中国个人

---

① 王辉耀、孙玉红、苗绿编：《中国企业国际化报告（2014 版）》，社会科学文献出版社 2014 年版，第 10 页。

② 35 个样本国家占"一带一路"倡议沿线国家总数的一半以上，具有较高的代表性。首先，经济发展程度多样，35 个国家中既包括新加坡、匈牙利、希腊、捷克、以色列 5 个发达经济体，又包括哈萨克斯坦、沙特阿拉伯、阿联酋等 30 个新型经济体。其次，地域分布广泛，亚太国家 24 个，欧洲国家 10 个，非洲国家 1 个。最后，经济体量占沿线国总量比重较大。此外，数据处理较为科学。

③ 中国社会科学院世界经济与政治研究所著：《中国海外投资国家风险评级报告（2017）》，2017 年版，第 48 页。

投资开设的克鲁因萨伊曼公司比亚迪汽车展厅投资金额 350 万美元；2014 年，马克石油天然气公司投资达 20000 万美元，增长 57 倍。[1] 哈国民经济部统计委员会资料显示，截至 2016 年底，在哈国注册的中资企业 2637 家，中资企业在哈国外资企业总数中居第 3 位。[2]

"一带一路"倡议实施以来，中国在哈的重点工程承包项目数量和金额也不断增长。数量方面，2013 年仅有 5 个大型项目，次年就增长到 8 个。2014 年中石油承包了哈国的 6 个大型项目：扎那若尔三厂二三期油气处理区项目，哈南线巴佐伊压气站项目以及中亚管道 C 线 CCS2、CCS4、CCS6、CCS8 压气站项目，项目总金额达 11.735 亿美元。[3] 除了重点项目，中国商务部统计数据显示，2017 年中国企业在哈国新签订承包工程合同 280 份，新签订合同额 23.48 亿美元，完成营业额 22.38 亿美元。2017 年派出各类劳动人员 8286 人，2017 年末在哈国劳务人员 96792 人。[4]

（二）中哈双边制度合作架构

1. 中哈海关方面合作

（1）中哈海关合作框架

1997 年中哈签订《海关合作与互助协定》，协定于 1999 年正式

---

[1] 《中国驻哈萨克斯坦大使馆经济商务参赞处：对外投资合作国别（地区）指南——哈萨克斯坦》，商务出版社 2017 年版，第 38 页。
[2] 同上书，第 38 页。
[3] 数据来源：根据中华人民共和国商务部官网数据整理。
[4] 《中国驻哈萨克斯坦大使馆经济商务参赞处：对外投资合作国别（地区）指南——哈萨克斯坦》，商务出版社 2017 年版，第 39 页。

实施,这是中哈双边海关合作的基础。2000年10月,中哈双方签订《关于相互承认海关单证和标识的合作议定书》,同年12月签订《对外贸易海关统计方法和信息合作议定书》,简化了两国间货物和运输工具的海关手续,加强了两国双边贸易信息和海关领域合作。

三级海关会晤机制是中哈海关合作的核心。2002年1月21—23日,中哈两国海关在乌鲁木齐举行署级边境工作组会谈,确立了三级海关,即总署、直属海关和隶属海关会晤机制。机制规定:(1) 总署级会谈一般每两年举行一次,主要解决中哈两国海关合作中全局性、战略性问题;(2) 直属海关级每年举行一次会晤,由两国轮流举办,商讨当年涉及双方海关的重大事宜;(3) 隶属海关会晤因实际需要而不定期举办,主要解决通关口岸中的实际问题。三级海关会晤机制增进中哈交流与合作,便于开展中哈能源监管,推动霍尔果斯国际合作中心建设,实现通关机制便利化。此外,双方还拓展合作范围,例如海关情报数据交流共享、打击"三股势力"、打击商业欺骗和经济犯罪等。

中亚八国海关合作委员会、中哈合作委员会口岸和海关合作分委会也为中哈海关合作提供有益补充。中亚八国海关合作委员会2002年由中哈等八国组建,是中亚海关合作的最高决策机构,一般1—2年召开一次会议,解决域内海关合作问题,中哈可以在此组织下开展海关业务合作。此外,2004年中哈合作委员会口岸和海关合作分委会成立,也为中哈海关通关发挥积极作用。2016年11月15日,中哈合作委员会口岸与海关合作分委会第九次会议在北京举办,[1] 双方就预

---

[1] 中华人民共和国政府官网:"海关总署副署长在京出席中哈合作委员会口岸与海关合作分委会第九次会议",http://www.gov.cn/xinwen/2016-11/17/content_5133627.htm,2018年9月21日访问。

先信息交换试点、联合监管、贸易统计、防辐射探测、执法合作、地方海关合作及保障口岸运行管理等议题达成的共识，并就深入开展通关便利化合作、执法互助合作、地方海关合作以及口岸领域合作等问题深入交换意见。

（2）中哈海关及陆路口岸建设

在中哈海关合作方面，其中最为重要的海关就是乌鲁木齐海关。截至2015年4月，乌鲁木齐海关实有1144人，关区监管面积166万平方公里，所辖对外开放一类口岸17个。[①] 乌鲁木齐海关是中国管辖面积最大的海关，也是中哈海关开展合作的重要一环，在中哈海关合作中发挥着重要作用，如通关的人员货物监管及手续办理，数据信息交换共享，相互承认单证和标识，监管中哈输油管道，中哈霍尔果斯国际合作中心建设等。

同时，乌鲁木齐海关也在积极推进中哈电子口岸建设，以此促进中哈经贸发展。新疆维吾尔自治区党委专门设立新疆电子口岸建设领导小组，牵头规划电子口岸；组织专家制定电子口岸建设总体规划和实施方案；成立专门的从事电子口岸信息服务的新疆电子口岸有限责任公司，致力于建设全方位多功能的口岸公共信息综合服务平台。

中哈陆路口岸建设方面，中哈两国之间开设有7个陆路口岸（见表5），其中包括霍尔果斯、阿拉山口、巴克图、吉木乃、都拉塔5个已开放口岸和阿黑土别克和木扎尔特2个尚未开放的口岸。

---

① 中华人民共和国乌鲁木齐海关官网，http://urumqi.customs.gov.cn/urumqi_customs/556636/556637/index.html，2018年9月21日访问。

表5 中哈陆路口岸情况表

中方口岸	开放时间	哈国口岸	间距（公里）	口岸类型	2013年过货量（万吨）	占比（%）
霍尔果斯	1983.11	霍尔果斯	1.5	铁路、公路	2269.18	39.92
阿拉山口	1990.6	德鲁日巴	12.3	铁路、公路	2982.88	52.48
巴克图	1992.8	巴克特	0.8	公路	11.46	0.20
吉木乃	1992.8	迈哈布奇盖	0.5	公路	17.74	0.31
都拉塔	1992.8	科尔扎特	3.8	公路	39.48	0.69
阿黑土别克	未开通	阿连谢卡夫	隔河	公路		
木扎尔特	未开通	纳林果勒	4	公路		

资料来源：根据《中国边境贸易地理》及《中国口岸年鉴2014》整理。

霍尔果斯口岸位于新疆霍城县，早在隋唐时期，霍尔果斯就是古丝绸之路的重要贸易通道。霍尔果斯口岸于1983年11月开放，是中哈第一个陆路口岸，与哈国阿拉木图州毗邻，距哈国对应口岸1.5公里。霍尔果斯位于中哈交通枢纽位置，也是中国面向中亚、欧洲最近的口岸，国道312线、双西公路、精—伊—霍铁路、陇海兰新铁路、霍尔果斯—阿腾科里铁路、西气东输C线工程都需经过霍尔果斯口岸。1992年11月，中哈两国同意霍尔果斯口岸向第三国开放，允许货物、人员和交通工具通行，成为国际口岸。霍尔果斯作为双边常年开放的铁路、公路口岸，2013年过货量达2269.18万吨，占新疆总过货量的39.92%，位列新疆口岸过货量第二位。

阿拉山口口岸位于新疆博尔塔拉州，于1990年6月开放，与哈国阿拉木图州毗邻，距哈国德鲁日巴口岸12.3公里。阿拉山口口岸位于第二亚欧大陆桥中国段最西端，可辐射至沿线的30多个国家和地区。阿拉山口口岸地处温带大陆性气候区，是全年均可开放运行的公路、铁路口岸。元代开始，阿拉山口就是中外商贸的通道；1990年，第二亚欧大陆桥在阿拉山口全线贯通；1991年，中哈开始区域货物运输；1992年，中哈开展国际旅客运输和国际货物运输业务；1993年，开设阿拉木图—乌鲁木齐、乌鲁木齐—阿拉木图客运专列。2013年，阿拉山口过货量为2982.88万吨，占新疆总过货量的52.48%，是新疆过货量最大的口岸。

2. 中哈交通运输合作

（1）公路运输合作

中哈签订了系列双边和多边公路运输协议。1992年，中哈签订《双边汽车运输协定》。次年2月，中哈制定该协定及运输许可证的实施细则。1995年，中、哈、吉、巴四国签订《汽车过境运输协定》，并于1998年签订该协定及运输许可证具体实施细则，至此，中、哈、吉、巴四国建立起多边公路运输合作框架。2004年，中哈等23国签署《亚洲公路网政府间协定》，推动亚洲域内公路的联通合作。2014年，上合组织六国签署《国际道路运输便利化协定》，[①]决定在2020年前建设涵盖中、俄、哈、塔、吉、乌六国的6条公路线，促进成员国运输便利化，推进互联互通。

公路运输是哈萨克斯坦最主要的运输方式，哈国拥有的公路网里程仅次于俄罗斯，位居独联体第2位。目前，哈国公路总里程9.74万公里，其中国道2.35万公里，州（市）道7.39万公里。[②]"双西公路"是中哈公路合作的重要内容，连通中国苏、豫、甘、新四省区，穿越哈国五个州、市（阿克托别、克孜勒奥尔达、奇姆肯

[①]《上海合作组织成员国政府间国际道路运输便利化协定》是中国在2003年上合组织莫斯科峰会上提出的重要倡议，经过10余年研究和磋商，最终于2014年9月12日在上合组织杜尚别峰会上签署。

[②]《中国驻哈萨克斯坦大使馆经济商务参赞处：对外投资合作国别（地区）指南——哈萨克斯坦》，商务出版社2017年版，第27页。

特、塔拉兹和阿拉木图)。"双西公路"总长8445千米,哈国境内线路全长2787千米,沿线总人口460万,占哈国总数的1/3,为中哈合作带来良好的交通运输和巨大的市场。2017年11月18日,"双西公路"中国国内段全线贯通。① 此外,中哈的5个陆路口岸都有公路运输合作。

(2) 铁路运输合作

在合作协定方面,1992年中哈两国交通部门通过《国境铁路协定》,开启铁路运输合作。1995年9月,中哈达成协议:哈国可以通过连云港装卸和运输与东南亚、南北美洲国家间往返的过境货物,中哈实现海陆联运。2004年,《中哈铁路运输合作协定》发布,其内容是发展两国间的直通及过境两国国际铁路货物和旅客运输,特别是集装箱运输。铁路运输在哈国的交通运输中也扮演着重要角色,铁路干线总里程1.51万公里。② 据哈国统计,哈国铁路技术、现代化程度以及运力位居独联体国家第3位,仅次于俄罗斯和乌克兰。

中哈铁路合作也不断取得进展。1992—1993年,连通中哈的新欧亚大陆桥通车,中哈开通乌鲁木齐往返阿拉木图国际客运服务。2004年,中哈开通东起江苏连云港,经由新疆阿拉山口出境,最终抵达哈国阿拉木图的跨国集装箱班列。2007年,乌鲁木齐往返阿拉木图国际集装箱运输列车开通。2011年,全长293.2公里的"热特肯—霍尔果斯"铁路(简称"热—霍铁路")完工,这是中哈的第二条铁路通道,被称为"通向中国之门",使得中哈铁路客运距离缩短近550公里。铁路运营后的第一年,该干线的货物运输将达到700

---

① 中国公路网:"双西公路国内段全线贯通",http://www.chinahighway.com/news/2017/1145582.php,2018年9月22日访问。
② 《中国驻哈萨克斯坦大使馆经济商务参赞处:对外投资合作国别(地区)指南——哈萨克斯坦》,商务出版社2017年版,第27页。

万吨，2020 年前提高到 1300 万吨。①

2011 年 12 月，中欧班列相继运营通车，联通着中哈两国、中亚、西亚和欧洲。2011 年重庆开设运营"渝新欧"铁路，建立一次性查验、通过且过境无须换装新模式的铁路合作。2012—2013 年"汉新欧"和"蓉欧快铁"货运列车相继开通，均由阿拉山口出境，途经哈萨克斯坦。统计显示，2016 年过境哈国的中欧货运班列超过 1200 次，铁路运输量达 820 多万吨，集装箱运量增长 2 倍多。②

（3）航空运输合作

机场设施建设方面，哈国 12 个国际机场中，阿拉木图和阿斯塔纳机场最为重要。阿拉木图机场始建于 1935 年，2014 年度客流量 458.9 万人次，执行了 23524 次航班飞行。③ 阿斯塔纳机场始建于 1931 年，有 40 多条航线，2015 年度客流总量为 330296 万人次，起降飞机 244542 架次。④

哈国最大的民航公司是阿斯塔纳航空公司（Air Astana），成立于 2001 年。2015 年，阿斯塔纳航空公司客运总量为 380 万人次，净盈利 4740 万美元。⑤ 阿斯塔纳航空公司有 60 余条国内、国际航线。飞往中国的航班有：阿拉木图—北京，每周 4 班；阿斯塔纳—乌鲁

---

① 中华人民共和国商务部官网："热特肯—霍尔果斯铁路——通往东方之路"，http://www.mofcom.gov.cn/aarticle/i/jyjl/m/201112/20111207863313.html，2018 年 9 月 22 日访问。

② 习近平在哈萨克斯坦媒体发表署名文章《为中哈关系插上梦想的翅膀》，中国网，http://www.china.org.cn/chinese/2017-06/14/content_41023365.htm，2018 年 9 月 25 日访问。

③ 《中国驻哈萨克斯坦大使馆经济商务参赞处：对外投资合作国别（地区）指南——哈萨克斯坦》，商务出版社 2017 年版，第 28 页。

④ 同上书，第 29 页。

⑤ 同上。

木齐,每周2班;阿斯塔纳—北京,每周3班。

中哈第一条国际航线在1989年由新疆航空公司开通,当时是一周两次的由乌鲁木齐飞往阿拉木图的航班。2007年,中哈开设乌鲁木齐往返阿斯塔纳和东哈萨克斯坦州、北京和上海往返阿拉木图的直飞航线。2007年4月17日,中哈两国在北京举行航空会谈,就扩大通航点、运力额、直航等安排达成协议。截至2014年,中哈两国业已形成东西连通的航线图,以乌鲁木齐、阿斯塔纳国际机场为中心,中国的京、沪、新、陕、甘、粤、渝7个省市自治区开通飞抵哈国的国际航班。2018年"空中丝路"国际航空合作高峰会在北京召开,哈国机场管理集团总经理阿斯卡尔·穆拉特巴耶夫出席会议。会议促进了中哈航空基础设施及网络建设合作和中国与哈国航空产业的合作对接。

3. 中哈边境贸易合作

(1)中哈边境贸易制度架构

中哈的合作协议、政策文件为中哈边境贸易奠定了制度基础。中哈两国签订了《经贸合作协定》《投资保护协定》《银行合作协定》等一系列经贸合作政策和文件,促进了中哈边贸的发展。

1992年,国务院颁布《关于进一步积极发展与原苏联各国经贸关系的通知》,鼓励与原苏联国家开展除粮食、钨砂、原油以外商品的易货贸易,并鼓励境外投资。同年6月9日,国务院做出《关于新疆维吾尔自治区进一步扩大对外开放问题的批复》,同意新疆"以边境沿线开放为前沿,以铁路沿线开放为后盾"的"两线"对外开放构想。此外,1992年中国开始实施沿边开放政策。这些政策、文件为中哈边境贸易奠定了良好基础。

1993年9月,国务院《关于整顿边地贸易经营秩序,制止假冒伪劣商品出境的通知》发布实施,严格外贸商品的质量监管,改善边贸市场秩序。1996年,《关于边境贸易有关问题的通知》对边民互市贸易中每人每日1000元以下的进口商品免征关税,[①] 规范边贸形式和经营区域。1997年3月,《国务院办公厅关于新疆维吾尔自治区边境贸易有关政策问题的复函》同意扩大新疆边贸经营企业的总数,对食糖、棉花、钢材、粮食出口商品进行照顾。1998年,《关于进一步发展边境贸易的补充规定的通知》出台,对新疆边民互市贸易进口商品免征关税额度提升至3000元。

2002年,新疆《关于旅游购物贸易出口实施意见的通知》将旅游购物贸易纳入边境小额贸易进行管理,规范旅游购物贸易。2004年5月,中国《对外贸易法》颁布实施,这是中国第一部关于对外贸易的立法,给予边境贸易相应法律地位和保护,规定全国统一的外贸易政策、外贸经营许可制度、商品进出口制度和贸易秩序。2007年9月,国务院制定《国务院关于进一步促进新疆社会发展的若干意见》,明确将新疆建设成向西出口商品加工地和集散地,打造面向中亚乃至欧洲国家的区域商贸中心,形成与东部沿海开发并进的对外开放格局。2008年国务院颁布《关于促进边境地区经济贸易发展问题的批复》,将边民互市进口商品免税额度提升到8000元,并建立保税区等边境特殊经济区,鼓励边贸与经济技术合作以及边境口岸建设。

(2) 中哈边境贸易合作发展

中哈边境贸易合作是中哈经贸合作的一项重要内容,因为与新

[①] 李青:"我国边境贸易的历史回顾与'十三五'发展的新特征",《区域经济评论》2015年第3期,第96页。

疆接壤，中国与哈国的边境贸易主要在新疆开展。良好的区位条件为新疆与哈国的边贸合作奠定了基础。

新疆与哈国的边境贸易是新疆边境贸易的重要组成部分（见表6）。2013年，新疆与哈国的边境贸易额为1225493万美元，新哈边贸占新疆对外贸易的44.5%，占新疆边境贸易的85.4%。2017年，新疆与哈国的边境贸易额为942125万美元，占新疆对外贸易的45.6%，占新疆边境贸易的68.1%。新疆与哈国的边境贸易始终位于新疆边境贸易首位。

表6 新疆与哈国边贸总额及占比情况

（金额单位：万美元）

年份	新疆外贸总额	新疆边贸总额	新哈边贸额	新哈边贸占外贸比	新哈边贸占边贸比
2013年	2756191	1435758	1225493	44.5%	85.4%
2014年	2766930	1422553	1012954	36.6%	71.2%
2015年	1967789	961946	574789	29.2%	59.8%
2016年	1796328	1104375	631170	35.1%	57.2%
2017年	2066073	1383417	942125	45.6%	68.1%

资料来源：根据《新疆统计年鉴》2013—2018年整理。

中哈霍尔果斯边境合作中心在中哈边贸中作用重大。2006年，国务院同意建设中哈霍尔果斯边境合作中心。2011年《国务院关于支持喀什、霍尔果斯经济开发区建设的若干意见》出台，提供明确的政策支持。2006年，中哈开始着手建设中哈霍尔果斯边境合作中心。2011年，哈国也在阿拉木图州规划建设"霍尔果斯—东大门经济特区"。中哈始终致力于将霍尔果斯打造成区域经济合作示范区，不断开展贸易洽谈、商品展销、仓储运输、商业合作、金融服务合作。

(三)中哈国家发展政策契合

1. "光明之路"政策背景

2014年11月11日,纳扎巴耶夫总统发表题为《光明之路——通向未来之路》的年度国情咨文,他认为哈国正面临新的威胁与挑战,因此在国情咨文中提出"光明之路"新经济政策,以应对新形势。

"光明之路"新经济政策的提出基于两方面的背景:一是受到2008年世界金融危机的延续性影响。美国次贷危机引发全球性金融危机,国际油价和金属价格大幅下降,使得依赖原料出口的哈国经济受到牵连。当年哈国GDP增速仅为3.1%,没有达到当年年初8.1%的增长目标,也远远低于2000—2007年10.0%的GDP增速。2008年9月,哈国外债高达1000多亿美元,外债规模相当于GDP总量的80%;股市暴跌65.7%;通货膨胀率高达17%。2009年,哈国食品、药品等消费品价格涨幅达30%—40%。[1] 金融危机使哈国居民收入减少,中小企业大量倒闭,经济严重受损。

二是受2014年国际油价大幅下跌的影响。当年乌克兰危机和克里米亚战争爆发,西方国家与俄罗斯矛盾升级,互相实行经济制裁,导致石油价格下跌、卢布大幅度贬值。俄罗斯当时是哈国最大的贸易伙伴,哈国油气出口压力增大,为稳定出口和宏观经济,哈国坚戈出现大幅贬值。以产业油气为支柱的哈国,2014年矿物燃料出口

---

[1]《韦进深、舒景林:哈萨克斯坦国家发展与外交战略研究》,世界图书出版公司2016年版,第73页。

占其总出口额的 76.3%，石油收入占国家预算收入的 50%，油价下跌，使哈国预算收入缩减了 22%。[①] 哈国货币贬值，能源产业收入减少，经济发展放缓。

面对上述挑战，哈国政治精英决定转变哈国经济结构、吸引外资，保持经济增长动力。2014 年，哈国正式提出"光明之路"新经济政策，旨在"继续优化我国的经济结构，推动经济的持续发展"。[②] 纳扎巴耶夫强调"光明之路"新经济政策的核心是基础设施建设，预计分 5 年实施，总投资达 6 万亿坚戈。以此促进哈国地区一体化，建立经济增长中心，形成统一的经济市场，支持容易受经济危机影响的经济部门。

2. "光明之路"政策内容

"光明之路"政策核心内容包括以下七个方面：

一是交通物流基础设施建设。加强公路、铁路和航空运输，加强首都阿斯塔纳和哈国各地区的联通程度。计划开展如下项目："双西公路"交通走廊项目，阿斯塔纳—阿拉木图、阿斯塔纳—乌斯季卡缅诺戈尔斯克、阿斯塔纳—阿克托别—阿特劳、阿拉木图—乌斯季卡缅诺戈尔斯克、卡拉干达—杰兹卡兹甘—克孜勒奥尔达、阿特劳—阿斯特拉罕交通建设项目。此外，还研究计划与中国、伊朗、俄罗斯和欧盟合建或租用陆、海港码头。

二是工业基础设施建设。开展经济特区的基建工作，建设新工业区，促进旅游基础设施发展，以此带动建材、交通和能源等产业

[①] 《韦进深、舒景林：哈萨克斯坦国家发展与外交战略研究》，世界图书出版公司 2016 年版，第 73 页。

[②] [哈]纳扎巴耶夫：《光明之路——通往未来之路》2015 国情咨文，2014.11.11，单行本。

发展。

三是能源基础设施建设。建设高压电网，保障哈国南部地区的能源供应。

四是升级公共基础设施、供水、供热网路建设。哈国政府计划从 2014 年到 2020 年，每年投资 2000 亿坚戈以上，总投资达 2 万亿坚戈以上，并借助欧洲复兴银行和亚洲开发银行的资金，加快改善哈国供热及供水设施。

五是住房设施建设。建设廉租房和公租房，供居民长期租赁或购买，并在 2015—2016 年增加 1800 亿坚戈的住房建设资金。

六是加强社会事业基础设施建设。2015—2017 年，每年追加 200 亿坚戈完善学前教育场所建设，并向十所科技和技术教育培训高校投入 100 亿坚戈，用于添购物资和技术设备。

七是支持中小企业和商业发展。国家拨款 1000 亿坚戈支持中小企业，创造 4500 个就业机会，并借助亚洲开发银行、欧洲复兴银行和世界银行的 1550 亿坚戈贷款，发展中小企业和商业。

哈萨克斯坦较为支持"一带一路"倡议，哈国"光明之路"政策的方向之一就是"确保丝绸之路经济带的运行"。[①] 自 1992 年中哈建交以来，双方签署了 230 多个涉及各领域的合同和协议，为中哈经贸合作奠定良好基础，双边合作领域不断拓展。"一带一路"与"光明之路"政策契合领域主要有三个方面：向哈国转移优质产能、参与哈国基础设施建设、参与哈国企私有化进程。

一是向哈国转移优质产能。哈国对中国的"一带一路"倡议反应积极，2014 年李克强总理访问哈萨克斯坦，双方达成中国向哈国

[①] ［哈］阿纳尔·拉希姆扎诺娃：《中国在哈萨克斯坦"光明大道"战略中的角色，哈萨克斯坦国家发展与外交战略研究》，世界图书出版公司 2016 年版，第 148 页。

产业转移计划，并签署了价值达 140 亿美元的合作文件，就"中哈合作框架协议"达成初步共识。哈国近年来寻求经济结构多元化，需要承接中国的产业转移，从而促进哈国非能源产业的发展。

二是参与哈国基础设施建设。哈国投资和发展部数据显示，哈国约有 1000 家中国资本参与的合资企业，中国企业在哈国油气行业的投资额占该行业外资总额的 25%，1/5 的哈国石油企业有中国股份。[①]"光明之路"计划中的交通、工业、能源和民生工程设施建设都是中国可以积极参与的领域。哈国《工业创新发展国家纲要 2015—2019》（第二个五年计划）中的重点产业包括有色金属冶炼、铁路设备制造业、采矿设备制造业、农业机械制造业、石油炼化及开采业、食品、工业化学品，这些都是中国的强项产业，双方可以深化合作。

三是参与哈国企私有化进程。2015 年 11 月 30 日，纳扎巴耶夫指出，哈国有 7000 多家国有企业，[②] 数量过多，不利于市场竞争。他指出，政府将推行国有企业大规模私有化，强化市场竞争，并公布了 2016—2020 年将被私有化的国有企业名单。中国可以借此机会向哈国境内的良性企业和有潜力的企业进行投资。

3. 中哈政策对接可行性

当前，"一带一路"与"光明之路"政策对接合作具有较大可行性，因为中哈政策目标契合、政策内容互补、两国政府明确支持。

（1）"一带一路"与"光明之路"政策目标契合

"一带一路"与"光明之路"政策目标都包括促进本国经济的发

[①] 韦进深、舒景林：《哈萨克斯坦国家发展与外交战略研究》，世界图书出版公司 2016 年版，第 147—148 页。
[②] 李永全、王晓泉：《"丝绸之路经济带"与哈萨克斯坦"光明之路"新经济政策对接合作的问题与前景》，中国社会科学出版社 2016 年版，第 26 页。

展,加快地区互联互通和一体化进程,乃至推动全球经济一体化。哈国经济研究所努尔谢伊托夫教授认为,"光明之路"与"一带一路"主旨高度契合,重点内容包含基础设施建设,而哈国又是"一带一路"倡议沿线重要的成员国,二者对接是自然而然的事。① 哈国驻华大使努雷舍夫2015年也表示,"光明之路"计划和"丝绸之路经济带"非常契合,互补性强,双方应加强合作,实现共同目标。②

(2)"一带一路"与"光明之路"政策内容互补

哈国"光明之路"政策的重要内容是打造欧亚大陆的运输走廊等基建工程,但是哈国大量资金和先进技术缺口较大,因此可以引进中国的设备、资金和技术。此举一方面能促进哈国基础设施建设;另一方面,中哈能源可合作互补。哈国是中国重要的能源进口国,2010年中国进口哈国石油1006万吨,2011年进口1121万吨,2012年进口1070万吨,2013年进口1117万吨。③ 中国可以进口哈国的油气资源,丰富能源进口渠道,提升中国能源安全。同时,哈国可以引进中国的石油开采、炼化技术,促进经济转型升级。

(3)中哈两国政府的明确支持

对于开展"一带一路"倡议及"光明之路"政策对接合作,中哈高层政治交流频繁,合作意愿强烈,合作成果丰硕。2014年12月14日,李克强总理访问哈萨克斯坦,提出要支持哈国的基础设施建设。2015年12月14日,中哈企业家委员会第二次会议召开,李克强总理强调:"中方愿参与哈萨克斯坦的'光明之路'计划……中方愿支持

---

① [哈]努尔谢伊托夫:"哈萨克斯坦与中国的区域经济合作——光明之路新经济政策和丝绸之路经济带",《欧亚经济》2015年第4期,第4—5页。
② [哈]努雷舍夫:"推动'光明之路'新经济政策和丝绸之路经济带建设的和谐发展和无缝衔接",《大陆桥视野》2015年第13期,第30页。
③ 高志刚、江丽:"丝绸之路经济带背景下中哈油气资源合作深化研究",《经济问题》2015年第4期,第12页。

哈方，实现互利共赢。"① 2015 年 5 月 7 日，习近平主席访问哈国时指出："推进丝路带建设同光明之路政策的对接，实现共同发展繁荣。"② 2015 年 8 月 31 日，中哈两国联合发布《中哈关于全面战略合作伙伴关系新阶段联合声明》，建立全面战略合作伙伴关系。2016 年，中哈签署协议全面推进"一带一路"倡议与"光明之路"建设。次年，纳扎巴耶夫在"一带一路"国际合作论坛上表示哈国坚定支持"一带一路"倡议。中哈两国政府的合作协议、高层交流和合作意愿为"一带一路"倡议和"光明之路"政策对接打造良好的政治环境。

三、中哈经贸合作的政策沟通建议

针对上述情况，笔者提出三条深化中哈政策沟通的建议：一是加强中哈政治互信，处理好与域外大国关系；二是利用亚投行及丝路基金，开展多领域合作；三是深化中哈海关、运输及边贸等具体合作机制。

（一）加强中哈政治互信，处理好大国关系

1. 加强中哈政治互信

良好的中哈政治关系为中哈经贸合作奠定了坚实的基础。中哈

---

① 李克强与马西莫夫共同出席中哈企业家委员会会议并致辞，《人民日报》，2014 年 12 月 15 日 03 版。
② 习近平同哈萨克斯坦总统纳扎尔巴耶夫举行会谈．人民网，2015 年 5 月 8 日，http://politics.people.com.cn/n/2015/0508/c1024-26966090.html，2019 年 3 月 11 日访问。

两国要使彼此关系更加紧密,不断拓展相关合作领域,形成全方位的合作格局,并继续保持着频繁的高层政治对话,及时就牵涉两国关系和利益的问题交换意见。对于双方达成一致的各项协议,通过中哈合作委员会及时推动落实,开展务实合作。此外,可以在上海合作组织、亚信峰会、亚洲合作对话均等平台加强沟通合作。

应加强中哈顶层战略及协议的对接落实。"一带一路"倡议下中哈签署众多的合作协议,如中哈两国共建丝路带谅解备忘录(2014)、中哈产能与投资合作(2015)、"丝绸之路经济带"与"光明之路"对接合作规划(2016)。中国各部委应与哈国各部门加强政策对接合作,统筹落实两国合作规划。

2. 处理好大国关系

中、俄、美三国关系是"当今世界最复杂、最微妙、最重要的三角关系之一"。[①] 哈国的战略位置突出,能源资源丰富,使其备受俄罗斯、美国等域外大国关注,中国应妥善处理好与俄罗斯、美国的关系。

一是处理好中俄关系。首先,中俄两国在哈国根本利益是和谐的,是不冲突的。中国不谋求在哈国的主导权和势力范围,习近平总书记曾多次公开声明,中国不谋求地区事务主导权,不经营势力范围,中方主张将最大限度排除政治阻力。[②] 其次,中俄之间要加强战略对话与沟通,增强政治互信,避免战略误解和矛盾。最后,尝试将"一带一路"倡议与俄罗斯的"欧亚经济联盟"进行对接合

---

① 李兴:"试析当今中俄美三角关系的若干特点",《东北亚论坛》2014年第1期,第18页。

② 何茂春、张翼兵:"新丝绸之路经济带的国家战略分析——中国的历史机遇、潜在挑战与应对策略",《学术前沿》2013年第12期,第10页。

作,中俄两国在哈国有着广阔的共同利益,如能源合作、经贸合作、反恐行动、维护地区稳定等,可以加快"一带一盟"的合作对接,深化中俄哈共同利益,实现资源和优势互补,促进中、哈、俄三国共同发展。

二是处理好中美关系。首先,认清中美两国在哈国的利益及立场。中美两国虽然在哈国的外交政策和利益诉求不同,但是双方存在广泛的利益交集,即对哈国能源的需求、维护中亚地区安全和稳定,这是中美在哈国合作的重要基础。其次,中国需要充分阐释"一带一路"倡议的"共商、共享、共建"原则,具体可以通过新闻媒体、官方报道、学术交流等形式,向美国政府、民众开展公共外交,加强美国对"一带一路"倡议的认识和了解,减少其敌对和阻碍情绪。最后,吸纳多方国家、机构参与"一带一路"倡议,通过构建多方利益共同体,减少美国乃至国际社会的阻力。

(二) 利用亚投行和丝路基金,推动中哈多领域合作

1. 利用亚投行、丝路基金的金融支持

中哈经贸合作可以充分利用亚投行的金融支持,防范投资风险。2015年亚洲基础实施投资银行正式成立,法定资本1000亿美元,成员国86个。哈国是亚投行第一批正式成员国和意向创始成员国。截至2017年12月,亚投行已展开24个投资项目,项目贷款总额为42亿美元,[①] 投资领域涉及能源资源、交通运输、城市基础设施建设等

[①] 亚投行,中国一带一路网,https：//www.yidaiyilu.gov.cn/zchj/rcjd/958.htm,2018年11月6日访问。

方面。① 亚投行工作重点是支持基础设施建设，成立宗旨是促进亚洲的区域经济建设、域内互联互通化和地区经济一体化，其工作重点与宗旨都与中哈经贸合作十分契合，可以为中哈经贸合作提供资金支持。此外，亚投行有助于中国企业防范对哈投资风险，提高中国企业规避风险的能力。

丝路基金也可为中哈经贸合作提供金融支持。丝路基金作为一家有限责任公司，于 2014 年 12 月 29 日设立，总规模达 400 亿美元，2017 年中国又增资 1000 亿人民币。这为"一带一路"倡议沿线合作项目的开展落实提供了有力的资金保障。2015 年 12 月 14 日，丝路基金与哈国签订《关于设立中哈产能合作专项基金的框架协议》，并设立首个丝路专项基金——总投资 20 亿美元的中哈产能合作专项基金。② 丝路基金可以弥补中哈经贸合作中基础项目投资的不足。此外，丝路基金侧重于长期投资，有助于弥补投资周期长、短期经济效益低行业的投资缺口。

2. 以基础建设为核心推动中哈多领域合作

一是开展中哈基础设施建设。中国是制造业大国，拥有强大的基础建设能力，哈国基础设施薄弱，基础设施建设需求高，二者不谋而合。哈国地处欧亚中心，其基础设施的完善不仅有利于哈国的经济发展，也有利于中国"一带一路"倡议向西拓展。具体包括：(1) 完善中哈国际走廊，主要是"欧亚大陆桥"运输走廊和"欧洲西部—中国西部"国际走廊建设，推进铁路、公路等交通路网建设，

---

① 项目包括菲律宾、印度、巴基斯坦、孟加拉国、缅甸、印尼等国，内容涉及贫民窟改造、防洪、天然气基础设施建设、高速公路/乡村道路、宽带网络、电力系统等方面。

② 英媒：丝路基金出资 20 亿美元支持中哈产能合作．新华网，http://www.xinhuanet.com//world/2015-12/15/c_128532442.htm，2018 年 11 月 6 日访问。

提高中哈过境运输能力;(2)建设现代化交通物流中心,完善霍尔果斯国际边境合作中心、"霍尔果斯—东大门"经济特区国际陆港,发挥哈国交通枢纽的作用;(3)升级中哈合作口岸,建设和完善中哈的 7 个通商口岸交通及配套设施。

二是开展中哈多领域资源合作。具体包括:(1)加工业领域,目前中国对哈国采掘业投资占 FDI 的一半,要促进由采掘业向油气、煤炭深加工和高附加值产品生产转变,提高产品竞争力和在全球价值链中的地位。(2)工业制造领域,哈国正重点发展采矿机械和油气炼化开采机械等 16 个制造工业,中国制造业应积极走进哈国市场,拓展工业制造业合作。(3)环保产业领域,2015 年哈国修订节能和提高能源利用的法案,环保产业是哈国的重点发展方向,同时"光明之路"和"一带一路"中都有发展绿色产业和开发清洁能源的要求,中哈可以加大合作力度。

(三)深化中哈具体合作机制

1. 完善中哈海关机制,建设"电子口岸"

(1)完善中哈三级海关合作机制

海关总署层方面,可以加大署级会谈的力度,签订切实可行的互助协定或会谈纪要创新合作模式。直属海关方面,可以贯彻《中哈海关互相认可海关单证和标识议定书》,统一、简化通关手续、标准和通关证件格式,加快通关速度和效率,降低通关费用和成本。中哈双方可以尝试建立长效的中哈边境海关信息通报共享机制,相互通报双方海关的动态情况,共享税收或贸易政策、发现的问题及改进建议等。口岸海关方面,口岸海关是海关制度规则最具体、最直接的实施者。中哈 5 个陆路口岸可以开展经常性会晤,通报传达相互贸易政策，交换共享统计数据。开展海关人员职业能力培训，提高海关人员的工作素质和工作效率。

(2) 建设中哈"电子口岸"

打好中哈"电子口岸"建设基础。一是中哈协调统一创建"电子口岸"，促进中哈双方电子口岸的标准统一，共建"网上报关—网上支付—口岸验放"的一体化服务。二是加强中哈5个陆路口岸合作，建立常规的联络机制、协调机制和突发事件应急机制，规范贸易秩序，营造良好的通关环境，促进中哈海关合作电子化。

发挥新疆维吾尔自治区政府的作用。一是要发挥贸易规范功能，避免"灰色清关"等不良贸易行为，引导中方企业规范经营，保证中方出口商品质量。二是加强新疆政府同哈国地方政府的联系合作，就地区贸易政策、市场法规等展开深入交流，创新合作模式。

2. 创新中哈运输方式，加强交通设施建设

(1) 创新合作方式，建立交通信息共享机制

创新两国合作方式，凭借亚洲公路网建设和"一带一路"倡议合作的契机，建设中哈道路交通信息交流与共享机制。首先，中哈两国需要增强互利共赢、协商合作的合作意识，建立中哈道路交通信息交流共享机制。其次，加强中哈谈判，落实各项运输协议，进一步降低过境运费，加快通关速度，繁荣两国交通运输和经贸往来。最后，在运输线路上，发展跨国联运；在运输方式上，开展国内外的公路—铁路联运、公路—公路联运，打破各自为营的运输方式。

(2) 加强中哈交通基础设施建设

增强中哈公路、铁路交通运输设施建设合作，完善基础设施，提高交通运输设施的运力。完善运输网络，缓解第二亚欧大陆桥运

输压力,降低过境运输费用,推动中哈经贸便利化。在航空方面,根据实际需求,开通更多中哈大城市之间的直航,增设已有航班,提高机票购买和手续办理服务质量。

3. 稳定中哈边贸政策,推动边贸平衡发展

(1) 保证中哈边贸政策稳定

中哈加强政策合作和研究,保证边贸政策的相对稳定。经济政策具有一定的稳定性和权威性,如果政策变动过于频繁,会影响中哈经贸合作稳定开展;如果政策不与时俱进,就可能限制中哈经贸的发展进步,因此必须保证政策的相对稳定,同时做好政策适合性研究。首先,保证边贸政策的连续和稳定,为中哈边贸合作营造良好环境。根据中哈具体的政治经济环境,对双边政策进行适时调整。其次,中哈应做好政策研究。两国在出台某项政策之前,必须做好政策的适合性和成效研究以及科学的分析论证,并在小范围地区开展政策试点,再逐步推广改进。

(2) 推动中哈边贸平衡发展

丰富边贸形式,推动出口多元化。一是发展中转贸易和加工贸易。依托第二亚欧大陆桥和中哈经贸合作走廊,借鉴香港地区、新加坡的先进经验,发展中转贸易;借助资源优势,发展农业、轻工业加工贸易,推动新疆及西部地区发展。二是发展边民互市和旅游购物贸易。中哈有着1460千米的边境线和5个边境口岸,这为中哈边民互市贸易提供了良好基础。新疆自然景观独特,人文历史悠久,旅游自然丰富,旅游距离短,适合旅游项目的开展。因此,可以开发旅游资源,完善旅游设施,拓展中亚旅游市场,培育边境旅游的经济增长点,发展边民互市贸易和旅游购物贸易。三是推动出口多元化。以深度开发哈国市场为基础，利用新亚欧大陆桥等交通设施，拓展中国与中亚五国乃至欧洲的贸易规模，优化进出口商品结构，促进出口多元化。

结　语

"一带一路"倡议下中哈政策沟通顺畅，经贸合作风险较低，经贸合作成果丰硕。中哈应该不断加强政治互信，处理好域外大国关系；利用亚投行及丝路基金，开展多领域合作；深化中哈海关、运输及边贸等具体合作机制；最终推动"一带一路"倡议与"光明之路"政策对接，促进中哈经贸关系发展。

后 记

《国别区域视角下的丝绸之路经济带研究》是教育部国别区域研究中心的出版物,也是华东师范大学中亚研究中心首届中亚学术论坛论文征稿的集成。本书精心选择的八篇优秀论文,聚焦政治、经济、新媒体等领域,以独特的理论视角对中亚问题进行剖析,真实地展现各位论文作者扎实的学术功底,以及对中亚问题的关注和思考。本书将论坛中的优秀论文以论文集的形式呈现给广大读者,希望更多研究者可以从广阔的角度探究"一带一路"倡议下的中亚问题,加强对理论和现实的关怀,为日后中亚研究起到抛砖引玉的作用。

在本书即将面世之际,本书要特别感谢于洪君部长为本书欣然作序,感谢王梦霓、邓辀、宋亚飞等作者提供了论文稿件,感谢时事出版社的各位领导及各部门人员的支持和帮助,才让这些零散的文字得以成书梓行。感谢薛晓钰编辑使本书避免了许多不该有的错误,她的耐心和专业精神令人印象深刻。另外,本书的修订也得到了我的学生李紫雯的热情协助,她参与了本书编辑和出版的整个协调过程,在此一并感谢。

陆 钢

2020 年 12 月 27 日